PRAXISHILFEN FÜR DEN KINDERGARTEN

Renate Lüber
unter Mitarbeit
von Hildegard Enderle
und Hedwig Friedmann-Spath

Stichwort »Planung«

12

Tag und Nacht – Licht und Schatten

Der Verkehr

Feste und Feiern im Herbst

Als Beitrag zum Umweltschutz verzichten wir bei diesem Heft auf das Einschweißen und drucken den Textteil auf umweltfreundlichem, chlorfrei gebleichtem Papier.
Damit die Poster aus den Heften bis zum Gebrauch nicht herausfallen, werden sie in der Heftmitte geklammert. Bitte lösen Sie die mittlere Klammer vorsichtig und nehmen Sie die Poster heraus.

Herder Freiburg · Basel · Wien

Anmerkungen
Eigene Ideen
Notizen

Tag und Nacht – Licht und Schatten

Information

- Durch die Drehung der Erde um ihre eigene Achse entstehen Tag und Nacht. Auf dem Teil der Erde, der der Sonne zugewandt ist, haben wir Tag, auf dem anderen Nacht. Durch diese ständige Drehbewegung kommen immer wieder andere Teile der Erdkugel in den Bereich des Lichtes bzw. des Schattens.

- Wenn man davon ausgeht, daß 80% der Informationen aus unserer Umwelt uns über das Auge erreichen, wird leicht verständlich, welche Bedeutung das Licht für uns hat.
Das Licht ist eine Form von Energie, die wir mit unseren Augen wahrnehmen können. Es ermöglicht uns das Sehen.

- Es gibt Körper, die die Lichtstrahlen durchlassen, also durchsichtig sind, wie z.B. Fensterscheiben; sowie Körper, die durchscheinend sind, wie z.B. bunte Kirchenfenster; und Körper, die kein Licht durchlassen, also undurchsichtig sind, wie z.B. Hauswände. Licht, das nicht durchgelassen wird, wird von dem jeweiligen Körper verschluckt bzw. absorbiert oder zurückgeworfen bzw. reflektiert.

- Alles, was nicht durchsichtig ist, wirft einen Schatten. Von der Tageszeit hängt es ab, wie groß dieser Schatten ist. Am Mittag ist er am kleinsten bzw. am kürzesten. Morgens und abends am größten bzw. am längsten.
Die Größe des Schattens, den ein Körper wirft, hängt einerseits von seiner eigenen Größe und von der Größe der Lichtquelle ab, andererseits vom Winkel, in dem das Licht dieser Quelle auf ihn trifft.

- Die alte Kunst des Schattenspiels hat ihren Ursprung in China. Außer in Asien war sie auch im Orient und in Nordafrika verbreitet. Bei uns in Europa ist das Schattenspiel seit dem 18. Jahrhundert bekannt.

- Gebündeltes Licht ist weiß. Es kann jedoch durch Brechung in seine verschiedenen Farben zerlegt werden, was beispielsweise geschieht, wenn es regnet und gleichzeitig die Sonne scheint: Man sieht einen Regenbogen mit den Farben Rot, Orange, Gelb, Grün, Hellblau, Dunkelblau und Violett. Mitunter sieht man auch noch einen Nebenregenbogen mit umgekehrter Farbreihenfolge.
Die verschiedenen Farben des Regenbogens entsprechen Wellen verschiedener Länge. Die rote Farbe ist langwellig, die violette kurzwellig. Dazwischen liegen die weiteren Farben. Wellen, die länger als die der Farbe Rot sind, wie das Infrarot, oder kürzer als die der Farbe Violett, wie das Ultraviolett, können wir mit unseren Augen nicht wahrnehmen.

- 1666 entdeckte Isaac Newton, daß man mit einem Prisma aus Glas weißes Sonnenlicht in seine Spektralfarben zerlegen kann. Hierbei sind die Farben des Regenbogens die Hauptfarben des Spektrums. Diese Zerlegung des weißen Lichts in seine einzelnen Farben nennt man Dispersion.

- Die Farbe eines Körpers entsteht dadurch, daß das auf ihn fallende Licht von ihm zum Teil aufgenommen und der Rest zurückgeworfen wird. So sehen wir eine rote Blüte deshalb rot, weil sie nur rot reflektiert und die übrigen Lichtbestandteile absorbiert. Eine weiße Blüte hingegen reflektiert alle Farben, so daß unser Auge weiß wahrnimmt.
Wir können Gegenstände also nur als farbig erkennen, wenn Licht auf sie fällt. Nachts sind alle Dinge schwarz.
Man unterscheidet bunte Farben, wie beispielsweise Rot, Grün, Blau und Gelb, und unbunte Farben wie Schwarz, Weiß und ihre Mischung, die Grautöne.

● Fast alle in der Natur vorkommenden Farben können mit Hilfe der drei Grundfarben Rot, Blau und Gelb nachgebildet werden. Dies ist von Bedeutung bei der Herstellung von farbigen Bildern, dem Dreifarbendruck. Häufig wird noch eine vierte, die Schwarzplatte, benutzt, die für eine Vertiefung der Schatten im Bild sorgt. Man spricht dann vom Vierfarbendruck.

● Es gibt Menschen, die bestimmte Farben nicht unterscheiden können. Diese meist angeborene Unfähigkeit, Farben zu unterscheiden, nennt man Farbenblindheit. Dabei ist völlige Farbenblindheit selten. Häufiger kann Rot/Grün oder Blau/Gelb nicht unterschieden werden. Diese Farbenfehlsichtigkeit tritt bei Männern viel häufiger auf als bei Frauen.

● Unter Farbsymbolik versteht man die sinnbildliche Deutung einzelner Farben. Hierbei stehen beispielsweise Schwarz für die Trauer, Weiß für die Unschuld, Blau für die Treue, Rot für die Liebe, Grün für die Hoffnung, Gelb für die Eifersucht...

● Man spricht auch von warmen und kalten Farben. Zu den warmen Farben zählen Rot, Orange und Gelb. Zu den kalten Farben Grün, Blau und Violett.

● In der Tierwelt kennen wir Tiere, die ihrem Lebensraum farblich gut angepaßt sind, wie z. B. der Laubfrosch, die Heuschrecke, die Erdkröte... Ebenso Tiere, die sich farblich ihrer jeweiligen Umgebung anpassen, also ihre Farbe wechseln können, wie z. B. der Tintenfisch und das Chamäleon.

● Wir kennen tagaktive Tiere, wie beispielsweise den Tagfalter, die meisten Vögel, die Biene, die Eidechse, das Huhn, die Kuh, das Pferd... und nachtaktive Tiere, wie beispielsweise die Fledermaus, den Igel, den Dachs, den Fuchs, die Kröte... Manche Tiere können nachts sogar besonders gut sehen, wie z. B. die Katze und die Eule. Wieder andere können sogar leuchten, wie z. B. das Glühwürmchen.

● Die Sonne ist unser größter Lichtspender. Andere Sterne, die mitunter viel größer als unsere Sonne sind, haben für uns jedoch, bedingt durch ihre unvorstellbar weite Entfernung, als Lichtspender keine Bedeutung.
Auch der Mond leuchtet nicht aus eigener Kraft. Wenn wir in Vollmondnächten unsere Umgebung auch ohne künstliches Licht wahrnehmen können, so liegt es daran, daß der Mond das auf ihn treffende Sonnenlicht reflektiert und somit die Nacht erhellt.

● Seit jeher versuchen die Menschen die Finsternis zu durchbrechen. Dunkelheit brachte Unsicherheit, Unsicherheit Angst.
Die ersten Lichtquellen waren offene Feuer, die die Menschen durch Blitzeinschläge, Waldbrände oder Vulkanausbrüche erhielten. Das Licht des Feuers verlängerte den Tag. Mit Kienspänen und Fackeln wurden die Höhlen ausgeleuchtet.
Später wurden die Fackeln mit Gewebe umwickelt und mit Fett getränkt. Diese Lichtquellen konnte der Wind kaum ausblasen. Öllampen gibt es schon seit vielen tausend Jahren. Um Christi Geburt verwendeten die Römer Kerzen.
Mit Gaslampen wurden Ende des 19. Jahrhunderts Häuser, Fabriken und Straßen beleuchtet. An Kutschen, Autos, Fahrrädern, Eisenbahnen und im Bergbau wurden Karbidlampen verwendet. Heute erhellen wir die Dunkelheit meist mit elektrisch erzeugtem Licht.

Gespräche

● Nur weil wir Licht haben, können wir auch andere Menschen, Tiere und Pflanzen sehen; uns im Haus und auf der Straße sicher bewegen; Bilderbücher anschauen...

● In der Nacht ist alles dunkel. Wir können keine Menschen, Tiere und Pflanzen sehen und keine Farben erkennen. Wenn wir unsere Augen schließen, ist es ebenso...

● Unser größtes Licht ist die Sonne. Wenn sie auf die Erdhälfte scheint, auf der wir wohnen, haben wir Tag. Die Menschen, die auf der anderen Erdhälfte leben, haben dann Nacht. Da sich unsere Erde ständig dreht, haben wir immer wieder den Wechsel von Tag und Nacht...

Anmerkungen
Eigene Ideen
Notizen

Der Tag ist uns vertrauter als die Nacht. Am Morgen sind wir munter, und den Tag hindurch unternehmen wir viel. Am Abend sind wir müde. Von der Nacht verschlafen wir den größten Teil...

Die Kinder von ihrem Tagesablauf erzählen lassen.

- Die meisten Menschen arbeiten am Tag. Viele müssen jedoch auch nachts arbeiten. Mütter stehen nachts auf, um ihre hungrigen Babys zu versorgen; kranke Menschen brauchen auch in der Nacht Pflege; Lokführer fahren nachts von einer Stadt zur anderen; im Elektrizitätswerk wird gearbeitet, damit wir Licht haben; der Bäcker arbeitet schon, wenn wir noch schlafen...
- Um bei der Arbeit etwas sehen zu können, brauchen die Menschen Licht. In unseren Häusern und Wohnungen haben wir Decken- und Wandleuchten, Steh- und Tischlampen...; die Straßen werden mit Straßenlaternen beleuchtet; Züge, Lastwagen, Autos und Fahrräder haben Scheinwerfer...
- Wenn man es nicht nur hell und warm, sondern auch gemütlich haben möchte, wird ein Lager- oder ein Kaminfeuer entfacht, eine Fackel oder ein Windlicht entzündet...
- Bei einem Fest werden Kerzen angezündet, wie beispielsweise am Geburtstag, bei einer Taufe, bei einer Erstkommunion, an Ostern, zu Weihnachten...
- Alle Sachen, durch die das Licht nicht durchgeht, werfen einen Schatten. Wenn wir bei Sonnenschein draußen sind, können auch wir unseren Schatten sehen. Er begleitet uns auf Schritt und Tritt, und wir können uns nicht von ihm trennen.
- Es gibt Menschen, die nicht mit ihren Augen sehen können, die entweder blind geboren sind oder durch eine Verletzung oder eine Krankheit blind wurden. Diese Menschen lernen mit ihren Händen, ihren Ohren und ihrer Nase zu „sehen“. So können sie beispielsweise einen Menschen nicht sehen, sein Gesicht jedoch mit den Händen ertasten oder mit ihren Ohren seine Stimme hören und ihn so erkennen und seinen Platz im Raum ausmachen. Ebenfalls können sie nicht sehen, was gekocht wird, dagegen mit ihrer Nase riechen, was es heute zum Essen gibt. Ebenso lesen Blinde mit ihren Händen (Blindenschrift), spielen Ball nach Gehör (Bälle, in denen Glöckchen sind)...

Bilderbuch: „Vogel Tintenfuß“ von Oliver Poncer, siehe Heft 10, Seite 5.

- Im Dunkeln können wir nichts sehen und somit auch keine Farben erkennen. Nur im Licht sehen wir unsere Umgebung in ihrer großen Farbenvielfalt.
  Wir sehen das grüne Laub der Bäume, den roten Klatschmohn, den gelben Zitronenfalter, den blauen Himmel, die weißen und grauen Wolken, die braune Erde, das grüne Polizeiauto, das rote Feuerwehrauto, den gelben Briefkasten...
  Wir kennen auch verschiedene Farbabstufungen, wie z. B. von Hellrot bis Dunkelrot oder von Hellblau bis Dunkelblau.

Ausgang

- Wir unternehmen Spaziergänge: bei Tageslicht; in der Dämmerung; in der „Nacht“.
- Wir besuchen ein Kunstmuseum.
- Wir besuchen eine Kirche, deren Fensterscheiben aus bunten Glasteilen zusammengesetzt sind, und sehen uns diese Fensterbilder bzw. -muster an (am besten bei Sonnenschein).

Beobachtungen

- Wir beobachten, wie Schatten von Häusern, von Bäumen, von Spielgeräten und auch von unserer Sonnenuhr (siehe Heft 8, Seite 34) im Verlauf eines Tages wandern.
- Wir beobachten den Wechsel der Farben in der Natur im Jahresverlauf.

Anmerkungen
Eigene Ideen
Notizen

Experimente

Tag und Nacht
Wir leuchten mit einer Taschenlampe einen Globus an und versetzen ihn langsam in Drehung. So können wir sehen, wo auf unserer Erdkugel das Licht auftrifft, es also Tag ist, und wo zur gleichen Zeit Schatten, also Nacht ist.

Regenbogen
Wir „holen" uns einen Regenbogen in unseren Gruppenraum. Hierfür legen wir einen großen Bogen weißes Papier auf den Fußboden vor ein Gruppenraumfenster. Durch dieses sollte natürlich die Sonne scheinen. Auf das Fensterbrett stellen wir ein volles Glas Wasser, so daß es leicht über die Kante ragt. Auf unserem Papier erscheint ein Regenbogen.

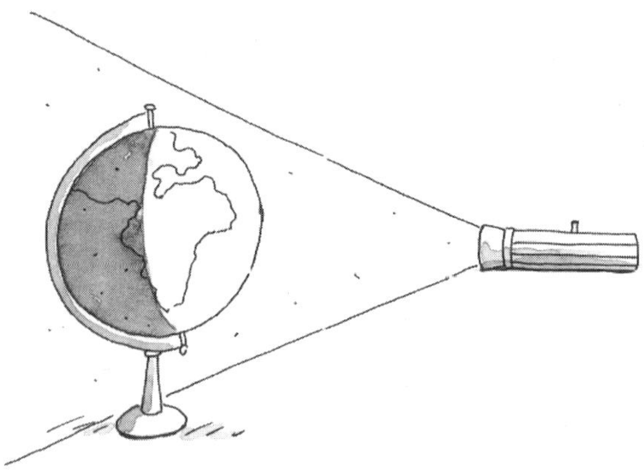

Farben mischen
Wir mischen Farben. Beispielsweise Wasser- oder Fingerfarben. Aus den drei Grundfarben Rot, Gelb und Blau lassen sich alle Farben mischen; z. B. werden Rot und Gelb zu Orange, Gelb und Blau zu Grün, und Blau und Rot zu Violett...

Farbfenster
Wir schauen uns die „Welt" durch farbige Fenster an. Diese sind entweder aus transparenter, bunter Folie oder aus Transparentpapierbögen, die zur Stabilität einen Kartonrahmen erhalten. Diese Fenster in Rot, Gelb, Grün oder Blau... halten wir vor unsere Augen und betrachten unsere Umgebung. Was hat sich farblich verändert?

Farblichter
Wir leuchten unseren verdunkelten Gruppenraum farbig aus. Entweder mit einer Signaltaschenlampe, mit der wir ihn in Grün oder Rot ausleuchten können, oder mit einer Taschenlampe, vor die wir transparente Farbfolien halten.

Farbkreisel
Auf eine weiße Pappscheibe mit ca. 10 cm Durchmesser malen wir die Farben des Regenbogens (Rot, Orange, Gelb, Grün, Hellblau, Dunkelblau und Violett). Als Achse dient ein in der Mitte der Scheibe durchgesteckter Bleistift. Falls dieser zu locker sitzt, können wir ihn an der unteren Seite der Pappscheibe mit einem Gummiring umwickeln. Wenn wir nun unseren Kreisel schnell drehen, verschwinden die einzelnen Farben, und wir sehen nur noch weiß.

Spiele

Blinde Kuh

Lieblingsfarbe
So wird gespielt: Ein Kind sagt: „Meine Lieblingsfarbe ist Gelb, Gelb wie... (z. B.) eine Zitrone. Nun darf es alle gelben Dinge aufzählen, die es kennt. Wenn es nicht mehr weiter weiß, helfen die anderen Kinder der Gruppe. Wenn allen nichts mehr einfällt, kommt das nächste Kind an die Reihe und beginnt: „Meine Lieblingsfarbe ist..."

Ich sehe was, was du nicht siehst, und das ist...
So wird gespielt: Ein Kind der Gruppe sucht sich im Raum einen Gegenstand aus und nennt dessen Farbe. Die anderen Kinder müssen ihn suchen bzw. erraten. Das Kind, das den gesuchten Gegenstand zuerst erraten hat, darf weiterspielen.

Schattenspiele im Freien
- Schattenfangen

So wird gespielt: Die Kinder sollen versuchen, sich gegenseitig auf ihre Schatten zu treten.
- Schattenmalen

Hierbei umfahren wir gegenseitig unsere Schatten mit Kreide.

Schattenspiele im Raum
- mit unserem ganzen Körper
- mit unseren Händen
- mit Stabpuppen

Um im verdunkelten Raum Schattenspiele veranstalten zu können, benötigen wir eine Lichtquelle und eine Wand bzw. Bühne. Als Lichtquelle eignet sich sehr gut ein Diaprojektor, als Bühne ein aufgehängtes Leinentuch (an einem Türrahmen oder an einem gespannen Seil) oder Architektenpapier.

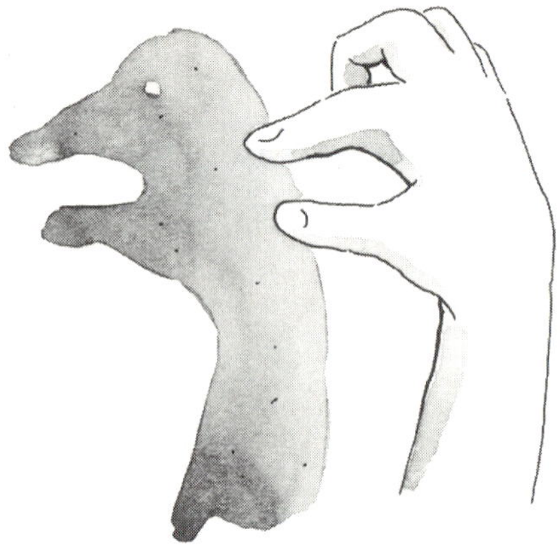

Je nachdem, ob wir eine kleine Bühne zum Spiel mit unseren Händen, mit Stabpuppen oder eine große Bühne, auf der unser ganzer Körper sichtbar sein soll, benötigen, fällt der Abstand vom Diaprojektor zur Leinwand aus. Je größer der Abstand vom Projektor zur Wand, desto größer die Bühne. Das Licht darf jedoch nicht an der Leinwand vorbeistrahlen.

Zuordnungsspiele

- Farben zuordnen

Dies können wir beispielsweise mit Knöpfen, mit Muggelsteinen, mit Perlen, mit Steckern, mit Legeplättchen... Hierbei kann man nicht nur nach einzelnen Farben, sondern auch nach Farbmustern ordnen, bei denen sich zwei oder drei... Farben in regelmäßiger Reihenfolge wiederholen.

- Ferner ordnen wir Tapeten- oder Stoffreste nach Farben und Mustern.
- Außerdem können wir in unserem Gruppenraum Plakate aufhängen, auf denen die gesuchte Farbe durch ein Farbmuster singalisiert ist. Aus Prospekten, Illustrierten etc. schneiden wir farbige Gegenstände aus und kleben sie auf den entsprechenden Plakaten auf.
- Tag- und Nachtbilder

Diese können wir entweder mit selbstgemalten Bildkärtchen oder mit ausgeschnittenen Bildern aus Prospekten und Illustrierten anfertigen.

Bilderbücher / Sachbücher

„Der kleine Nerino“
von Helga Galler. Verlag Neugebauer Press, Salzburg 1989.

„Der Tag“
von Gerlinde Mader / Dirk Walbrecker. Sellier Verlag, München 1990.
Für jüngere Kinder.

Aus der Reihe: **„Kurz und gut“** im Sellier Verlag, München: **„Ein Tag“** von Maria Wildstake / Annegret Fuchshuber, 1990.

„Was ein Tag alles bringt“
von Marlies Rieper-Bastian / Frauke Nahrgang. Ravensburger Buchverlag Otto Maier, 1993.

„Was für ein schöner Tag“
von Thomas Müller / Tilde Michels. Verlag Heinrich Ellermann, München 2. Aufl. 1990.

„Der neue Morgen“
von Salvatore Sciascia / Gloria Sartori. Patmos Verlag, Düsseldorf 1993.

„Guten morgen, Paddy“
von Penny Dale. Carlsen Verlag, Reinbek 1989.

„Guten Morgen allerseits“
von Renate Seelig / Gerald Jatzek. Verlag Heinrich Ellermann, München 1990.
Für jüngere Kinder.

„Guten Morgen – gute Nacht“
von Stephan Brülhard. Meisinger Verlag, München 1987.

„Wer arbeitet in der Nacht?“
von Giovanna Carbonaro / Roberto Nannicini. Eugen Rentsch Verlag, Zürich 1983.

„Wenn das Licht ausgeht“
von Friedrich Kohlsaat / Katrin Arnold. Verlag Heinrich Ellermann, München 1984.

„Das gezähmte Feuer“
von Elfriede und Eberhard Binder. Finken-Verlag, Oberursel 1984.

„Murmeltier komm, kuscheln wir“
von Annet Rudolph / Friedrich Langreuter. ars edition, München 1992.
Für jüngere Kinder.

„Die Nacht“
von Gerlinde Mader / Dirk Walbrecker. Sellier Verlag, München 1990.
Für jüngere Kinder.

„Mitten in der Nacht“
von Kathy Henderson / Jennifer Eachus. Verlag Sauerländer. Aarau 1993.

„Pony Bär und Abendstern“
von Sigrid Heuck, K. Thienemanns Verlag, Stuttgart 1985.

„Scheint der Mond hell auf das Haus“
von Hans Poppel / Ilona Bodden. Verlag Heinrich Ellermann, München 1984.

„Ein Mond für Leonore“
von James Thurber / Marc Simont. Lappan Verlag, Oldenburg 1993.

„Die Sternenfee
von Maurice Careme / Theo Puebla. Neuer Finken-Verlag, Oberursel 1988.

„Wie schmeckt der Mond“
von Michael Grejniec. bohem press, Zürich, Kiel, Wien 1993.

„Ich will den Mond sehen“
von Louis Baum / Niki Daly. Carlsen Verlag, Hamburg 1984.

„Nachts, wenn alle schlafen“
von Kazuo Iwamura / Rose Pflock. Dr. Hans Peters Verlag, Hanau, Salzburg, Bern 4. Aufl. 1990.

„Schlaf gut, kleiner Bär“
von Quint Buchholz. Verlag Sauerländer, Aarau, Frankfurt, Salzburg 1993.

„Laura kann nicht schlafen“
von Karl-Heinz Käfer / Kirsten Höcker. Wolfgang Mann-Verlag, Berlin 1988.

„Schlafe, Prinzeßchen, schlaf ein“
von Mick Inkpen. Coppenrath Verlag, Münster 1993.

„Nein, ich will noch nicht ins Bett!“
von Astrid Lindgren / Harald Wiberg. Verlag Friedrich Oetinger, Hamburg 1989

„Das Bett ist gemacht“
von Friedl Hofbauer / Winfried Opgenoorth. Jugend und Volk Verlagsgesellschaft, Wien – München, 3. Aufl. 1989.

„Als der kleine Nachtbär kam“
von Sigrun Damas / Constanze Droop. ars edition, München 1992.

„Sagt der Bär dir gute Nacht“
von Julia Wittkamp / Regina Schwarz. Ellermann Verlag, München 1992.

„Matthias und sein Traum“
von Leo Lionni. Middelhauve Verlag, Köln 1991.

„Peters Traumlöwe“
von Wolfgang Traub / Tomek Bogacki. Nord-Süd Verlag, Gossau Zürich und Hamburg 1993.

„Das Traumfresserchen“
von Michael Ende / Annegert Fuchshuber. Thienemanns Verlag, Stuttgart, 1978.
Auch als Taschenbuch bei dtv, München erhältlich.

„Da liegt ein Krokodil unter meinem Bett“
von Mercer Mayer. Ravensburger Buchverlag Otto Mayer, 1991

„Zwei schreckliche Angsthasen“
von Eileen Christelow / Jim Aylesworth. Ravensburger Buchverlag Otto Maier, 1990.

„Heut schlaf ich bei Frederik“
von Anna-Clara Tidholm / Siv Widerberg. Ravensburger Buchverlag Otto Maier, 1993.

„Ich will meine Mami!“
von Martin Waddell / Patrick Benson. Verlag Sauerländer, Aarau, Frankfurt 1993.

„Wie Tierkinder schlafen“
von Hans Baumann / Erika Dietzsch-Capelle. Thienemanns Verlag Stuttgart, 1978.

„In dieser Nacht...“
von Irmgard Lucht. Ravensburger Buchverlag Otto Maier, 1992.

„Der Mond muß weg“
von Hans Wilhelm. Carlsen Verlag, Hamburg 1990.

„Schatten“
von Kota Taniuchi / Sarah Kirsch. Friedrich Wittig Verlag, Hamburg 1979.

„Der klitzekleine Hase und seine Freunde“
von Gerda Wagener / Marie-José Sacré. bohem press, Zürich, Recklinghausen, Wien 1990.

„Der Streit um den Regenbogen“
von Siegfried P. Rupprecht / Józef Wilkon. Nord-Süd Verlag, Mönchaltdorf und Hamburg 1989.

Aus der Reihe: **„Meyers kleine Kinderbibliothek“** im Meyers Lexikonverlag. Bibliographisches Institut & F. A. Brockhaus, Mannheim:
„Die Farbe“, von Pierre-Marie Valat / Sylvaine Pérols / Pascale de Bourgoing, 1991.

„Ich kenn die Farben ganz genau“
von Anthea Sieveking. Carlsen Verlag, Hamburg 1992.

Aus der Reihe: **„Zu meiner Welt gehören“** im Herold Verlag, Stuttgart:
„Farben“, 1990.

„Babars Buch der Farben“
von Laurent de Brunhoff. Diogenes Verlag, Zürich 1987.

„Paddington Bär – Spiel mit Farben“
von Michael Bond / John Lobban. Delphin Verlag, Köln 1993.

„Lila Rot und Himmelblau“
von Sabine Lohf. Ravensburger Buchverlag Otto Maier, 1990.

„Mäuslein schlau – gelb, rot, blau!“
von Ursula Kasper-Locher / Hugo Kaspar. Speer Verlag, Zürich, München 1987.

„Das kleine Blau und das kleine Gelb“
von Leo Lionni. Verlag Friedrich Oetinger, Hamburg 1882.

„Das fliegt und flattert – das knittert und knattert!“
von Mira Lobe / Angelika Kaufmann. Verlag Jungbrunnen, Wien, München 1991.

„Chamäleon Kunterbunt“
von Eric Carle. Gerstenberg Verlag, 2. Aufl. 1987.

„Als die Raben noch bunt waren“
von Edith Schreiber-Wicke / Carola Holland. Thienemanns Verlag, Stuttgart – Wien 1990.

„Seine eigene Farbe“
von Leo Lionni. Gertraud Middelhauve Verlag, Köln und Zürich 1990.

„Das Farbenfest“
von Lars Rudebjer / Dan-Erik Stahlberg. Ravensburger Buchverlag Otto Maier, 1991.

Aus der Reihe: **„The Museum of Modern Art, New York“** im Carlsen Verlag, Hamburg: **„Bilder und Farben“** von Philip Yenawine, 1993.

Aus der Reihe: **„Die vier Elemente“** im Dr. Hans Peters Verlag, Hanau, Salzburg, Bern: **„Feuer“** 1991.

„Das gezähmte Feuer“
von Elfriede und Eberhard Binder. Finken-Verlag, Oberursel 1984.

Weitere Bilderbücher siehe Heft 8, Seite 35.

Bücher für Erzieher

„Schattenspiele für Kinder“
von Friedrich Reinhard. Don Bosco Verlag, München 2. Aufl. 1989.

„Spiele mit Licht und Schatten“
von Rudolf Seitz. Don Bosco Verlag, München 1984.

„Kinder spielen Theater“
von Gisela Walter. Falken-Verlag, Niederhausen 1993.

„Farbspiele mit Kindern“
von Karin Wölfel / Ulrike Schrader. Kösel-Verlag, München 1992.

„Erstes Malen und Gestalten“
von Clare Cherry, Ravensburger Buchverlag Otto Maier, 1979.

„Zeichnen, Malen, Werken“
von Heinz und Elisabeth Ullrich. Ravensburger Buchverlag Otto Maier, 1979.

„Rhythmik und Gestalten“
von Ingeborg Rathmann / Margot Weiss. ALS-Verlag, Frankfurt 1987.

„Mein erstes Buch von der Farbe“
„Mein erstes Buch vom Licht“
von Nail Ardley. Tessloff Verlag, Nürnberg 1991.

„Farben und Licht“
von Barbara Taylor. Südwest Verlag, München 1992.

Aus der Reihe: **„Was ist was“** im Tessloff Verlag, Nürnberg:
„Licht und Farbe“ von Joseph Highland / George J. Zaffo, 1964.

Weitere Bücher siehe Heft 8, Seite 35.

Anmerkungen
Eigene Ideen
Notizen

Geschichten

Der Fisch mit den goldenen Augen

Es war einmal ein Fisch, der hatte goldene Augen. Alle anderen Fische hatten weiße oder schwarze oder graue oder rote Augen, aber keiner hatte goldene Augen. Und so kam es, daß der Fisch mit den goldenen Augen der einzige Fisch war, der noch keinen Fisch mit goldenen Augen gesehen hatte, denn seine eigenen Augen kann man ja nicht sehen, und einen Spiegel gab es im Meer nicht. Ja, der Fisch mit den goldenen Augen wußte überhaupt nicht, wie Gold aussieht, denn im Wasser gab es diese Farbe nicht. Nicht einmal die Goldfische sind richtig golden, sondern rot.
Einmal schwamm der Fisch mit den goldenen Augen tiefer als sonst und dachte: „Vielleicht finde ich weiter unten im Wasser doch noch etwas Goldenes." Das Wasser wurde immer blauer und blauer, und als er noch tiefer schwamm, wurde es rot und röter, und ganz tief unten wurde es schließlich schwarz und schwärzer.
Da begegnete er einem Seestern mit fünf Zacken, der schwamm dicht über dem Meeresgrund dahin und sah in der Finsternis ganz schwarz aus. „Nanu", sagte der Seestern, „da schwimmt ja ein Fisch mit goldenen Augen!"
„Ja", sagte der Fisch mit den goldenen Augen, „und ich selbst habe noch nie etwas Goldenes gesehen und suche es hier unten am Meeresgrund. Bist du vielleicht golden?"
„Nein, ich bin nicht golden", sagte der Seestern, „ich bin ja nur ein Seestern."
„Schade", sagte der Fisch mit den goldenen Augen. „Hier im Meer wirst du sicher nichts Goldenes finden", sagte der Seestern, „du mußt mal aus dem Wasser auftauchen, da oben kriegt man manchmal was Goldenes zu sehen; vielleicht hast du ja Glück."
Da schwamm der Fisch mit den goldenen Augen wieder nach oben, und er kam aus dem Schwarzen ins Dunkelrote und vom Dunkelroten ins Hellrote und vom Hellroten ins Dunkelblaue. Aber aus dem Dunkelblauen kam er gar nicht heraus, je höher er kam, desto dunkler wurde das Wasser, und als der Fisch seinen Kopf aus dem Wasser in die Luft streckte, da war dort oben gerade Nacht.
„Jetzt kriege ich auch hier oben sicher nichts Goldenes zu sehen", dachte der Fisch und war ganz traurig. Aber plötzlich machte es irgendwo „bums!" und dann „zischschsch!" und dann noch einmal „bums!", und dann fielen vier oder fünf leuchtende grüne Kugeln vom Himmel. Eine Rakete.
„Das war aber schön!" sagte der Fisch mit den goldenen Augen. Und gleich darauf stieg noch eine zweite Rakete auf, die hatte rote Leuchtkugeln. Und dann zischte eine Rake-

Aus:
Heinrich Hannover
„Der müde Polizist und andere Geschichten",
Rowohlt Taschenbuch, Reinbek 1975

te besonders hoch in den Himmel hinauf, und als sie platzte, fielen Leuchtkugeln heraus, die waren – golden.
Der Fisch schaute noch eine Zeitlang dem Feuerwerk am Himmel zu – es war nämlich gerade Silvester – und tauchte dann hinunter ins Meer, um dem Seestern Bescheid zu sagen, was es da oben zu sehen gibt. Er fand denn auch schnell den Seestern am Meeresgrund wieder. „Komm schnell mit! Da oben ist ein tolles Feuerwerk zu sehen!“ Und so schwammen sie beide wieder an die Oberfläche des Meeres, der Fisch mit den goldenen Augen und der Seestern, und schauten dem Feuerwerk zu.
Aber plötzlich kam ein Fischreiher dahergeflogen, der packte den Seestern mit seinem Schnabel und trug ihn in die Luft. Sicher hätte der Fischreiher den armen Seestern aufgefressen, wenn nicht eine Rakete dahergeflogen gekommen wäre, dem Fischreiher gerade an der Nase vorbei. Da kriegte der Fischreiher einen solchen Schreck, daß er den Seestern losließ. Der aber bekam so viel von dem goldenen Sprühregen der Rakete ab, daß er plötzlich wie ein richtiger Stern golden glänzte. Und so blieb der Seestern am Himmel hängen und leuchtete Nacht für Nacht über dem Meer und über dem Land.
Der Fisch mit den goldenen Augen hatte zuerst einen großen Schreck gekriegt, als der Fischreiher seinen Freund, den Seestern, davontrug. Aber dann sah er, wie der Seestern dem Fischreiher entkommen und ein richtiger Stern geworden war, und freute sich mit ihm. Alle Jahre einmal – an Silvester – kommt der Seestern vom Himmel herunter und trifft sich mit dem Fisch irgendwo auf dem Meer. Und dann erzählen sie sich, was sie im vergangenen Jahr gesehen haben, der eine über, der andere unter dem Meeresspiegel.

Heinrich Hannover

Wenn es dunkel wird

Der Vater schaltete das Licht im Mädchenzimmer aus und sagte: „Gute Nacht, Mädchen.“
„Gute Nacht“, antworteten Judith und Barbara.
Dann schaltete der Vater das Licht im Jungenzimmer aus.
„Gute Nacht, Jungen.“ „Gute Nacht“, erwiderten David und Michael. Danach kam der Vater in Peters Zimmer. Peter hat nämlich ein kleines Zimmer für sich allein. Er lag im Bett, zugedeckt bis ans Kinn.
„Vati, bitte mach das Licht nicht aus“, bat er ganz verzagt. Der Vater war erstaunt. „Warum, Peter?“ frage er, „warum soll ich das Licht nicht ausmachen?“
„Weil ich nicht will, daß die Dunkelheit in mein Zimmer kommt“, antwortete Peter. Er sprach so leise, daß der Vater ihn kaum verstehen konnte.
„Aber Peter, hast du denn Angst vor der Dunkelheit?“ fragte er. „Ja“, wisperte Peter ganz leise. Der Vater setzte sich auf einen Stuhl neben dem Bett und dachte nach. „Paß auf, Peter. Als ich noch ein kleiner Junge wie du war, da hatte ich auch Angst vor der Dunkelheit.“
„Und jetzt hast du keine Angst?“ fragte Peter.
„Nein“, antwortete der Vater. „Jetzt brauche ich keine Angst mehr zu haben. Ich weiß, was das Dunkle ist.“
„Was ist es denn?“ fragte Peter.
„Die Sonne geht nur weg, damit wir schlafen können“, sagte der Vater. „Wenn es hell wäre, könnten wir nicht gut schlafen. Und wenn wir nicht gut schlafen könnten, wären wir immer müde. Da würden uns das Spiel und die Arbeit nicht freuen. Auch die Tiere und Pflanzen müssen ausruhen, sonst können sie nicht wachsen.
Deshalb geht die Sonne jeden Tag fort und läßt uns im Dunkeln schlafen.“
„Und das ist alles?“ fragte Peter.
„Das ist alles“, erwiderte der Vater, „soll ich jetzt das Licht ausmachen?“
„Ja“, sagte Peter, und gleich darauf schlief er schon.

Pearl S. Buck

Aus:
„Geschichten für kleine Kinder“. Eigentumsrecht der deutschen Übersetzung: Rudolf Trauner Verlag Linz, Österreich.

Weitere Geschichten siehe Heft 8, Seite 36–39.

Anmerkungen
Eigene Ideen
Notizen

Reime

Passende Reime siehe Heft 2, Seite 7; Heft 8, Seite 39, 40.

Rätsel

Wenn die Sonne scheint
und ich draußen bin,
seh' ich hinter, vor
oder neben mir
so ein dunkles Ding.
Kannst du mir denn nicht
sagen, was das ist?
Ständig ist es da,
ja zum Greifen nah.
(Schatten) *Renate Lüber*

*

Ein großer Feuerball
begleitet uns überall.
Er strahlt uns ins Gesicht,
doch manchmal siehst du ihn nicht.
Wenn graue Wolken am Himmel schweben
und nachts wir in seinem Schatten leben.
(Sonne) *Renate Lüber*

*

Ach, ach, ach!
Wer läuft mir immer nach?
Ist ein kleiner schwarzer Mann,
der ohne mich nicht laufen kann.
(Schatten) *Volksgut*

Es hat große Augen,
die bei Tag nichts taugen.
Wenn wir schlafen gehn,
kann dieses Tier erst sehn.
(Eule) *Volksgut*

Weitere Rätsel siehe Heft 2, Seite 8, 9; Heft 8, Seite 40, 41.

Lieder

Morgengruß

Text und Melodie: Heike Franz-Lammers

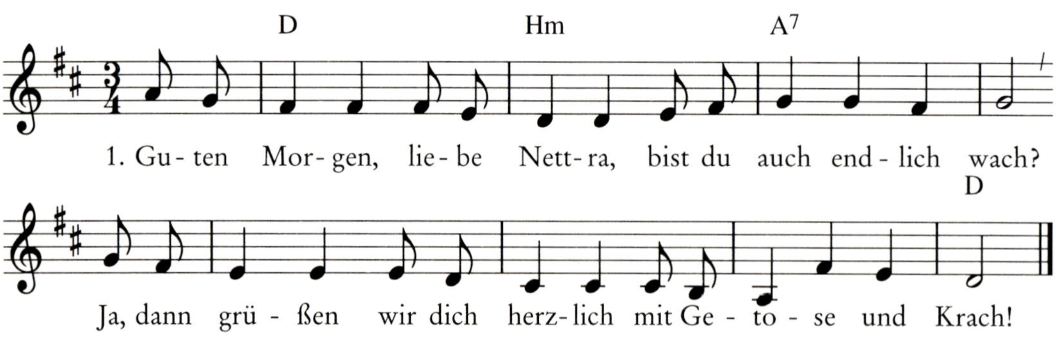

Aus:
Heike
Franz-Lammers
„Lieder und Bewegungsspiele
im Kindergarten"
Band 1, Verlag
Herder, Freiburg

2. Guten Morgen, liebe Sara, bist du auch endlich da?
   Dann bekommst du von uns allen ein ganz lautes Hurrah!

3. Guten Morgen, lieber Pinne, na, du schläfst ja noch fast.
   Ja, dann grüßen wir ganz leise den verschlafenen Gast.

Anmerkungen
Eigene Ideen
Notizen

Ein Mäuseball

Text: Gustav Sichelschmidt / Melodie: Wilhelm Keller

2. Eines bläst sein Flötchen, schlägt den Takt ganz leis,
und auf kleinen Pfötchen drehn sie sich im Kreis.

3. Tummeln sich und hüpfen, doch beim Morgenschein
rennen sie und schlüpfen schnell ins Loch hinein.

Wacht auf

Text und Musik: trad./Hoffmann

2. Hörst du, wie die Glocke klingt?
Dingedongdingdong!
Das soll heißen:
Menschen, wacht auf, wacht auf!

3. Hörst du, wie der Vogel singt?
Tschiptschiptschiptschihi!
Das soll heißen:
Menschen, wacht auf, wacht auf!

4. Hörst du, wie der Wecker schrillt?
Ringringringrihing!
Das soll heißen:
Lena, wach auf, wach auf!

Anmerkungen
Eigene Ideen
Notizen

Abendlied

Text: Renate Lüber / Melodie: Bernd Seitz

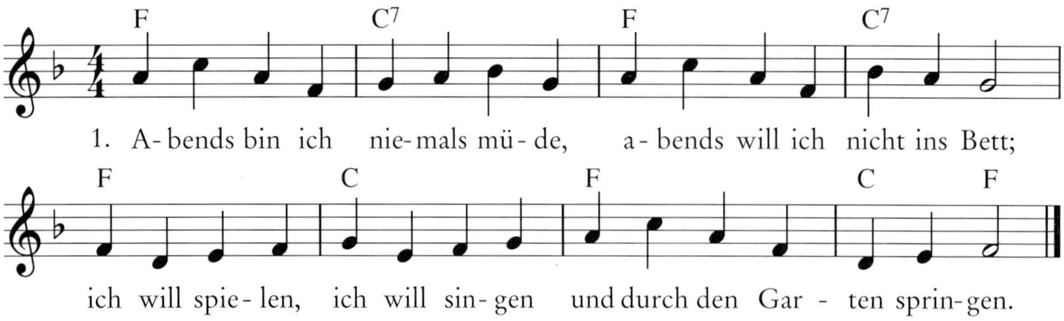

2. Abends hab' ich immer Hunger,
abends hab' ich immer Durst;
ich will essen, ich will trinken,
ich hab' Lust auf eine Wurst.

3. Abends komm' ich immer wieder,
wieder aus dem Bett heraus;
und das Spiel, das geht so lange,
bis die Mami sagt: Schluß – aus!

4. Ja, dann lege ich mich schlafen,
kuschle in mein Bett hinein;
nehm' den Teddy in die Arme,
schließ' die Augen und schlaf' ein.

Anmerkungen
Eigene Ideen
Notizen

Farbenlied

Text: Renate Lüber / Melodie: Bernd Seitz

2. Gelb ist meine Lieblingsfarbe,
Gelbes finde ich einfach schön,
gelb, wie Sonne, Mond und Sterne,
gelb, wie's Licht in der Laterne.

Refrain:
Gelb, gelb, gelb,
Gelbes find' ich toll!
Gelb ist meine Lieblingsfarbe,
Gelb ist wundervoll!

3. Rot ist meine Lieblingsfarbe,
Rotes finde ich einfach toll,
rot wie Kirschen und die Rose,
rot wie die Tomatensoße.

Refrain:
Rot, rot, rot,
Rotes find' ich toll!
Rot ist meine Lieblingsfarbe,
Rot ist wundervoll!

4. Blau ist meine Lieblingsfarbe,
Blaues finde ich einfach stark,
blau wie der Himmel und das Meer,
blau wie die Blumen dort im Park.

Refrain:
Blau, blau, blau
Blaues find' ich toll!
Blau ist meine Lieblingsfarbe,
Blau ist wundervoll!

Wo Tierkinder schlafen

Text und Melodie: Hans Baumann

2. Wo schlafen Entenkinder? Im Freien schlafen sie:
in Federn geschmiegt und von Wellen gewiegt,
so träumen und schlafen sie.

3. Wo schlafen Hasenkinder? Im Grase schlafen sie:
in Mulden versteckt, bis der Hunger sie weckt,
so träumen und schlafen sie.

4. Wo schlafen Karpfenkinder? Im Teiche schlafen sie:
von Schilf überdacht, von den Sternen bewacht,
so träumen und schlafen sie.

5. Wo schlafen Muschelkinder? Im Schlamme schlafen sie:
zusammengekuschelt, in Schalen gemuschelt
träumen und schlafen sie.

Anmerkungen
Eigene Ideen
Notizen

Aus:
Hans Baumann,
„Der Zauberball“,
Möseler Verlag,
Wolfenbüttel.

6. Wo schlafen Mäusekinder? In Winkeln schlafen sie:
in heimlichen Gängen, in die Wurzeln hängen,
träumen und schlafen sie.

7. Wo schlafen Vogelkinder? In Nestern schlafen sie:
in Wiesen und Wäldern, in Gärten und Feldern
träumen und schlafen sie.

8. Wo schlafen Murmelkinder? Im Bau, da schlafen sie:
und in jedem Falle viel besser als alle
träumen und schlafen sie.

9. Wo schlafen Menschenkinder? Im Bettchen schlafen sie.
Schlaf du auch geschwind wie ein Murmeltierkind –
ja, schlaf gut bis morgen früh!

Deine Puppe Marion

Text: Jutta Richter / Musik: Ludger Edelkötter

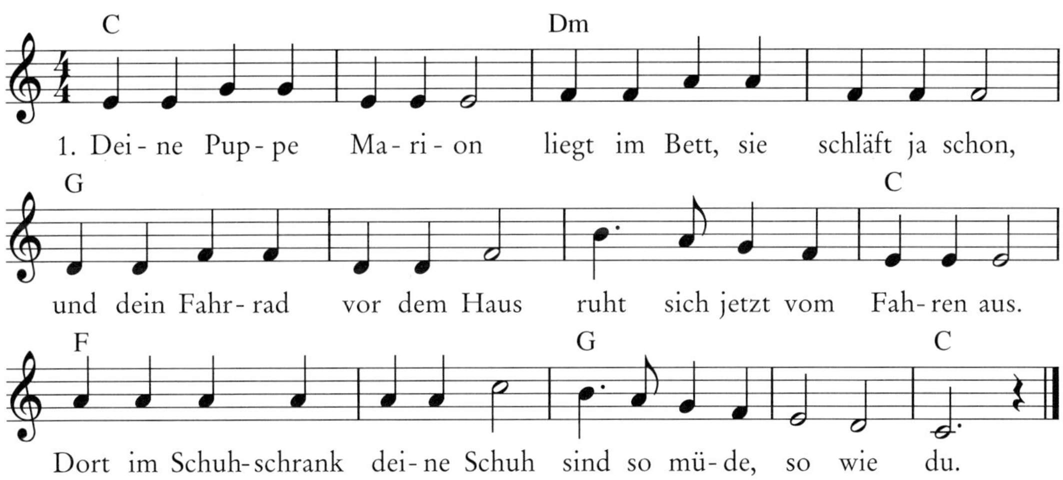

Aus:
Irmchen und Ludger Edelkötter, „Stacheligel haben's gut" (IMP 1040).

2. Deine Jacke an der Wand
träumt den Traum vom Jackenland.
Und das Märchenbuch will Ruh,
klappt sich ganz von selber zu.
Dort im Schuhschrank deine Schuh
sind so müde, so wie du.

3. Deine Tasse himmelblau
schläft gleich neben dem Kakao.
Und dein Teller mit dem Zwerg
träumt von einem Grießbreiberg.
Dort im Schuhschrank deine Schuh
sind so müde, so wie du.

4. Mach die müden Augen zu,
träum von einem Känguruh,
träume deinen Lieblingstraum,
träum von einem Apfelbaum.
Dort im Schuhschrank deine Schuh
träumen ganz genau wie du.

Anmerkungen
Eigene Ideen
Notizen

Regenbogen

Text: Renate Lüber / Melodie: Bernd Seitz

2. Seine Farben sind so schön,
wie ich nie zuvor gesehn,
wie aus einem schönen Traum,
wie von einem Blütenbaum.

Refrain:
Regenbogen bunt und schön,
laß' dich doch am Himmel sehn,
Regenbogen – Farbenpracht,
wer hat dich so bunt gemacht?

Weitere Lieder
siehe Heft 10,
Seite 12, 27.

Anmerkungen
Eigene Ideen
Notizen

Manuelles Gestalten

Schneiden und kleben

Collagen
Wir fertigen Collagen in Rot-, Grün-, Gelb-, Blau-, Braun-, ... -tönen an.

Reißen und Kleben

Regenbogen
Aus Buntpapier bzw. bunten Blättern aus Illustrierten reißen und kleben wir einen Regenbogen.

Basteln

Stabfiguren
Wir basteln Stabfiguren für unser Schattenspiel. Dies können z. B. Figuren aus einem Bilderbuch sein, deren Geschichte wir nachspielen wollen.
Material: Aktendeckel, Stäbe und Musterbeutelklammern.

Malen

Regenbogen
Wir malen
einen Regenbogen
in Naß-in-Naß-Technik
mit Wasserfarben.

Tag- und Nachtbilder
Wir malen
Bilder vom Tag
und Bilder
von der Nacht.
Die Nachtbilder
auf dunklem Papier.

Weiteres siehe Heft 8, Seite 44.

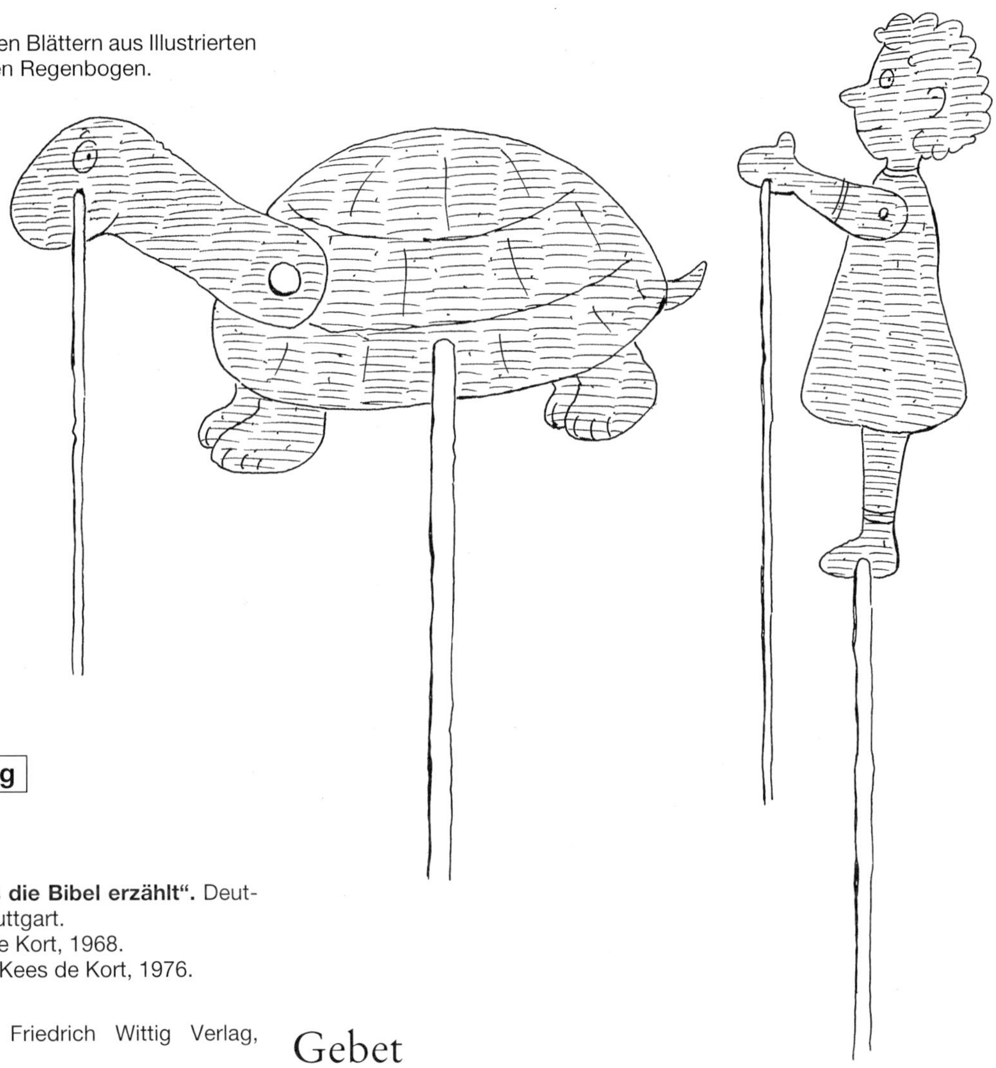

Religiöse Erziehung

Bilderbücher

Aus der Reihe: **„Was uns die Bibel erzählt".** Deutsche Bibelgesellschaft Stuttgart.
„Bartimäus", von Kees de Kort, 1968.
„Der Regenbogen", von Kees de Kort, 1976.

„Martin der Schuster"
von Masahiro Kasuya. Friedrich Wittig Verlag, Hamburg.

„Der Riese Gaspar"
Von Allison Reed / Kurt Baumann. bohem press, Zürich 1983.

„Wie die Sonne in das Land Malon kam"
von Christine Mühlberger / Regina Schmidt / Gabriele Frison.
RPA-Verlag, Landshut.
Dias dazu sind auch erhältlich.

Tanz

Sonnentanz, siehe Heft 7, Seite 13.

Bücher für Erzieher

„Mit Kindern beten"
Verlag Ernst Kaufmann, Lahr.

„Gebete zur guten Nacht"
von Edda Waigand / Margit Sillaber, Pattloch Verlag.

Gebet

Müde bin ich, geh' zur Ruh',
schließe beide Äuglein zu;
Vater, laß die Augen dein
über meinem Bette sein!

Alle, die mir sind verwandt,
Gott, laß ruhn in deiner Hand.
Alle Menschen, groß und klein,
sollen dir befohlen sein.

Kranken Herzen sende Ruh',
nasse Augen schließe zu;
laß den Mond am Himmel stehn
und die stille Welt besehn!

Luise Hensel

Anmerkungen
Eigene Ideen
Notizen

Lied

Text und Melodie: Wolfgang Longardt

2. Tragt zu den Kranken ein Licht.
Sagt ihnen: „Fürchtet euch nicht!“
Gott hat euch lieb, groß und klein.
Seht auf des Lichtes Schein!

3. Tragt zu den Kindern ein Licht.
Sagt allen: „Fürchtet euch nicht!“
Gott hat euch lieb, groß und klein.
Seht auf des Lichtes Schein!

4. Tragt zu den Alten ein Licht.
Sagt ihnen: „Fürchtet euch nicht!“
Gott hat euch lieb, groß und klein.
Seht auf des Lichtes Schein!

(Weitere Strophen: „Tragt zu den Armen/ Blinden ... ein Licht“)

Licht und Dunkelheit

Licht – Freude / Licht – Wärme – Wohlbefinden.
Wir zünden Lichter an – am Geburtstag, an der Taufe, zu Ostern, im Advent, zu Weihnachten ...
Dunkelheit – Angst / Dunkelheit – Unsicherheit – Unbehagen.
Wie wir in die Dunkelheit Licht bringen:
Wir zünden Lichter (Kerzen) an, um die Dunkelheit zu erhellen. So, wie das Licht für alle da ist, ist auch Jesus für alle da. Jesus ist das Licht der Welt.
Auch mit Worten, Gesten und Gaben kann man Dunkelheit erhellen.

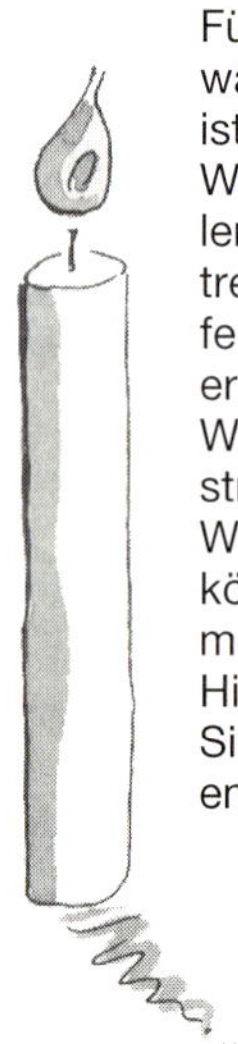

Meditation

Für diese Meditation sollten wir uns einen Tag auswählen, an dem unser Gruppenraum lichtdurchflutet ist, leuchtend und strahlend erscheint.
Wir sitzen im Stuhlkreis und betrachten unseren hellen Gruppenraum. Sehen, wo die Lichtstrahlen auftreffen, wo Gegenstände und auch wir Schatten werfen, und wo wir Winkel erkennen, die das Licht nicht erreicht.
Wir spüren die „Freundlichkeit“, die der Raum ausstrahlt. Im hellen Raum fühlen wir uns wohl.
Wir schließen die Augen. Nun ist alles anders. Wir können uns nicht mehr gegenseitig sehen, uns nicht mehr orientieren.
Hierbei den Kindern keine Stimmungen vorgeben. Sie sollen selbst erzählen, wie sie sich fühlen, was sie empfinden.

Anmerkungen
Eigene Ideen
Notizen

Der Verkehr

Information

● Unter Verkehr verstehen wir hier die Gesamtheit der Vorgänge im Zusammenhang mit der Fortbewegung und Beförderung von Personen und Gütern. Ferner die Übermittlung von Nachrichten.

● Die ersten Verkehrswege waren immer wieder begangene Pfade, die z. B. zu Wasserstellen, zu Wildwechseln, zu Höhlen bzw. von einer Sippe zur anderen führten.
Im Laufe der Zeit wurden durch die Haltung von Haustieren (Pferde, Kamele) und durch die Erfindung des Rads die zurückgelegten Wegstrecken immer größer.
Auch die Wasserwege, die sich auf Flüssen und Seen anboten, wurden bereits in vor- und frühgeschichtlicher Zeit genutzt. Die eigentliche Seefahrt auf den Meeren begann im 3. Jahrtausend vor Chr. zunächst in Küstennähe.
Die Ägypter und Babylonier legten die ersten planmäßigen Straßen an. Meister im Straßenbau waren die Römer. Streckenweise sind ihre Straßen bis auf den heutigen Tag erhalten.
Die Eroberung der Luft als Verkehrsweg begann Ende des 18. Jahrhunderts mit dem ersten Ballonflug.
Anfang des 19. Jahrhunderts begann die Zeit der Eisenbahn. Im gleichen Jahrhundert fing auch das Automobil an, die Welt zu erobern. Das 20. Jahrhundert ist geprägt durch Düsenjets, Hochgeschwindigkeitszüge und die bemannte Raumfahrt.

● Alltäglichen Umgang haben wir heute mit dem Straßenverkehr, dem Bahnverkehr, dem Schiffahrtsverkehr und dem Luftverkehr.

● Der Verkehr wird durch Gebote und Verbote geregelt. Vorsicht, Umsicht und Rücksicht der einzelnen Verkehrsteilnehmer sind aber genauso wichtig.

● Die Verkehrspolizei überwacht und regelt den Straßenverkehr.

● Der Verkehrsfunk informiert uns über die Straßenverkehrslage.

● Farben spielen im Straßenverkehr eine große Rolle:
Rot bedeutet Halt! Gefahr! Verbot! – und wird bei Stopschildern, Ampeln, Warnschildern, Rücklichtern und Verbotszeichen eingesetzt.
Grün gibt freie Fahrt, oder man darf gehen – Ampel.
Gelb bedeutet immer Achtung! – beispielsweise an Ampeln, Bushaltestellen, Ortsschildern, Strahlern in den Rädern von Fahrrädern ...
Blau steht für Gebote und Hinweise! – und wird an Fußgängerwegen, Fahrradwegen, Fußgängerüberwegen, Unter- oder Überführungen benutzt ...
Weiß: In Weiß werden Markierungen auf die Straße gezeichnet – Zebrastreifen ...

● Richtiges Verhalten im Verkehr sollten Kinder dort lernen, wo er stattfindet. Spiele im Gruppenraum können ergänzend sein, sie können jedoch die Erfahrung vor Ort nicht ersetzen. Verkehrsgewöhnung geschieht durch Nachahmung, durch das Beispiel und das Vorbild von Erwachsenen. Hierbei werden die Kinder jedoch auch erfahren müssen, daß es Erwachsene gibt, die sich im Straßenverkehr nicht richtig verhalten.

Es ist wichtig, daß die Kinder mit ihren Eltern am Verkehrsgeschehen teilnehmen.

● Die Zahl der im Verkehr immer wieder verunglückenden Kinder ist groß.
Drei typische Beispiele für die Ursache von solchen Unfällen sind:
Das Betreten oder Überqueren der Fahrbahn, ohne daß die Kinder auf den Verkehr achten.
Das plötzliche Hervortreten der Kinder hinter Sichthindernissen, wie z. B. parkenden Autos.
Ihr falsches Verhalten an Fußgängerüberwegen.

● Kinder sehen, hören, denken und bewegen sich anders als Erwachsene: Sie haben aufgrund ihrer Körpergröße nicht so gute Sichtverhältnisse; ihr Blickfeld ist kleiner; sie können Geschwindigkeiten und Entfernungen schlechter abschätzen; sie wissen nicht, daß Fahrzeuge einen Bremsweg haben; sie können ihre Bewegungsabläufe nur schlecht abbrechen; sie können sich nicht auf mehrere Dinge gleichzeitig konzentrieren, sie haben noch kein Gefahrenbewußtsein; ihr Gehör ist zwar gut, aber das Richtungsbewußtsein fehlt; ihr oft spontaner Bewegungsdrang ist unberechenbar; außerdem lassen sie sich leicht ablenken.

● Mit Maßnahmen zur Verkehrsberuhigung beabsichtigt man, das Verkehrsaufkommen in Wohngebieten zu verringern. Hierzu gehören Geschwindigkeitsbeschränkungen (30 km/h), Straßenverengungen und Schwellen.
In diesen Wohngebieten gingen auch die Verkehrsunfälle mit Personenschäden über die Hälfte zurück.

● **Lehr- und Lernmittel** zur Verkehrserziehung erhält man bei den Landesverkehrswachten, den Automobilclubs und beim Deutschen Verkehrssicherheitsrat.

Adressen:
Landesverkehrswacht Baden-Württemberg
Feuerseeplatz
70176 Stuttgart
Die Adressen der Landesverkehrswachten in den übrigen Bundesländern können bei den jeweiligen Jugendverkehrsschulen erfragt werden.

Deutscher Verkehrssicherheitsrat
Obere Wilhelmstr. 32
53225 Bonn

Rot-Gelb-Grün Lehrmittel
Theodor-Heuss-Str. 3
38122 Braunschweig

Anmerkungen
Eigene Ideen
Notizen

Ebenso wie Umwelterziehung findet auch Verkehrserziehung ständig statt. Jeder Spaziergang, jede Wanderung und jeder Ausflug beinhalten auch Verkehrserziehung.

Gespräche

● Es gibt viele Verkehrswege. Außer den Straßen, auf denen wir mit Autos fahren, gibt es noch Schienen für die Züge, Wasserstraßen für die Schiffe und Luftwege für die Flugzeuge.

● Von jeder Stadt gibt es einen Stadtplan, auf dem alle Wege und Straßen, die durch die Stadt führen, aufgezeichnet sind.
Es gibt auch Straßenkarten, auf denen man nachsehen kann, wie man von einem Dorf zum anderen, von einer Stadt zur anderen, von einem Land zum anderen kommt.
Außerdem gibt es auch Karten für die Schiffahrt und die Luftfahrt.

● Wir kennen verschiedene Straßen, so z. B. Dorfstraßen, Stadtstraßen, Landstraßen, Autobahnen ...
An manchen Straßen führt auch ein Radweg und ein Gehweg entlang. Auf den Straßen fahren nicht nur Autos und Lastwagen, sondern auch öffentliche Verkehrsmittel, wie Busse und Straßenbahnen.
In manchen großen Städten fahren auch unter den Straßen, in großen Tunnelanlagen, U-Bahnen auf Schienen.
Straßen überwinden manchmal Hindernisse. So kennen wir beispielsweise Brücken, die über Flüsse führen, und Tunnel, die durch Berge gebaut sind.
Damit wir sicher über die Straße kommen, gibt es an manchen Straßen Zebrastreifen, Fußgängerampeln, Unter- und Überführungen ...

● Alle, die sich auf der Straße bewegen, sind Verkehrsteilnehmer: wir Kinder und die anderen Fußgänger, die Radfahrer, die Autofahrer, die Lastwagenfahrer ...

● Wie wir uns im Straßenverkehr verhalten:
Der Randstein ist z. B. auch unser Haltestein. Immer, wenn wir über die Straße möchten, ist hier zuerst Halt!
Ansonsten halten wir beim Laufen auf dem Gehweg vom Randstein Abstand.
Auf Ein- und Ausfahrten, die über den Gehweg führen, müssen wir achten.
Wir geben Handzeichen, wenn wir auf einem Zebrastreifen die Straße überqueren möchten; schauen nach links und rechts; vergewissern uns, ob die Autos auch anhalten, und überqueren dann zügig die Straße.
An einer Ampel warten wir bei Rot; schalten eine Fußgängerampel – wenn nötig – mit der Hand ein; laufen bei Grün nicht sofort los, sondern sehen nach links und rechts, vergewissern uns, ob die Autos halten, und laufen dann zügig über die Straße.
Zwischen parkenden Autos sollten wir nicht spielen und uns nicht aufhalten. Da wir noch nicht so groß wie die Erwachsenen sind, können uns die Autofahrer schlechter oder auch gar nicht sehen.

● Außer im Auto oder beim Überqueren der Fahrbahn gehören wir Kinder nicht auf die Straße. Wir gehören auf den Gehweg, auch mit dem Dreirad, dem Roller, dem Fahrrad…
Beim Radfahren ziehen wir einen Helm auf. Beim Spielen hängen wir ihn jedoch an unseren Fahrradlenker.
Im Auto gehören wir in oder auf den Kindersitz.

● In manchen Städten gibt es Spielstraßen, auf denen die Autos nur im Schrittempo fahren dürfen. Auf diesen Straßen können Kinder spielen. Aber auch hier heißt es aufgepaßt! Auch Erwachsene passen manchmal nicht auf und machen Fehler.

● Wenn es regnet oder neblig ist, brauchen wir helle, leuchtende Kleider. Gut sind auch reflektierende Anhänger. Bei Glatteis und Schnee können die Autos ins Rutschen geraten.

Ausgang

● Wir unternehmen Beobachtungsgänge im Wohnbereich in der näheren Umgebung unseres Kindergartens, d. h. in unserem Stadtteil, in unserem Dorf.
Wo kommen wir sicher über die Straße?
Wo gibt es Zebrastreifen, Fußgängerampeln, Unter- oder Überführungen?

Wir machen einen Besuch
- auf einem Bahnhof
- in einem Straßenbahndepot
- in einem Busbahnhof
- in einem Hafen
- bei einer Bergstation…

Bevor wir solch einen Besuch unternehmen, ist es natürlich wichtig, daß wir uns mit den betreffenden Stellen bzw. zuständigen Personen in Verbindung setzen.
Außerdem müssen das Gelände bzw. die Einrichtung überschaubar sein.

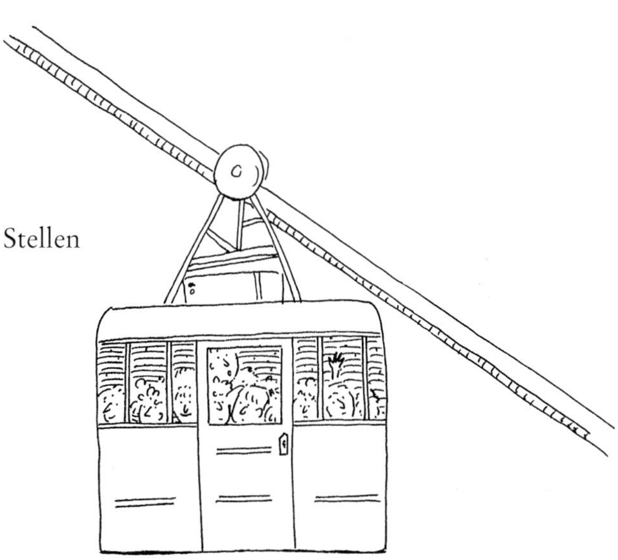

Ausflug
Wir unternehmen eine Fahrt
- mit der Straßenbahn
- mit dem Bus
- mit der Bahn
- mit einem Schiff…

Einladung

Wir laden einen Verkehrspolizisten zu uns in den Kindergarten ein.

Ein Elternabend, zu dem wir einen Fachmann zum Thema Verkehrserziehung einladen, sollte einmal pro Kindergartengeneration stattfinden.

Tätigkeiten

Collagen
- Wer geht und fährt auf dem Gehweg?
- Wer fährt auf dem Radweg?
- Wer fährt auf der Straße?

Spiele

Farben und Formen
Spiele mit Farben und Formen siehe Seite 5 und 6.

Mein rechter Platz ist frei
Siehe Heft 1, Seite 11.

Warte und paß auf!
Mein erstes Verkehrsspiel. Otto Maier Verlag, Ravensburg 1985.

Sicher über die Straße
Ein Kartenspiel mit vielen Variationsmöglichkeiten. Rot-Gelb-Grün Lehrmittel, Braunschweig.

Bilderbücher / Suchbilderbücher

„Ampel rot, Ampel grün"
von Petra Probst. ars edition, München 1989.
Für jüngere Kinder.

„Die Ampel"
von Erhard Dietl / Ute Andersen. Ravensburger Buchverlag Otto Maier, 1987.

„Tiger und Bär im Straßenverkehr"
von Janosch. Diogenes Verlag, Zürich 1990.

„Mit Polli, Pit und Pummel im Straßenverkehr"
von Hildrun und Mario Covi. Favorit-Verlag, Rastatt.

„Sachen suchen"
von Eva Scherbarth. Otto Maier Verlag, Ravensburg.

„Unsere Wohnstraße"
von Ina und Walter Etschmann. Lappan Verlag, Oldenburg 1993.

„Na klar, Lotta kann radfahren"
von Astrid Lindgren / Ilona Wikland. Verlag Friedrich Oetinger, Hamburg.

„Der kleine Tiger braucht ein Fahrrad"
von Janosch. Diogenes Verlag, Zürich.

„Unterwegs mit Brummi"
von Barbara Bartos-Höppner / Michael Keller. Neuer Finken-Verlag, Oberursel 1991.

„Fahrzeuge auf der Straße"
Jugend & Volk Schulbuchverlag, Wien 1992.
Ein Buch, dessen Blätter in der Mitte geteilt sind und bei denen die Kinder die richtigen Ober- und Unterteile der Fahrzeuge zusammenfügen sollen.

„Mit dem Auto unterwegs"
von Hildegund Schuster / Frauke Nahrgang. Ravensburger Buchverlag Otto Maier, 1990.

„Stadtbahn 214"
Von Thomas Ruff / Hrsg. Freiburger Verkehrs AG. Saumer & Partner, 1989.

„Hallo Lokführer"
von Siegfried Aust / Alexander Schütz. Verlag Carl Ueberreuter, Wien 1992.

„Auf dem Bahnhof"
von Heike Wiechmann. Esslinger im ÖBV, Esslingen, Wien 1992.
Ein Buch zum Spielen mit vielen Ausschneideteilen.

„Dampfeisenbahn"
von Ivan Gantschev. Verlag Neugebauer Press, Salzburg – München 1987.

„Die alte Lokomotive"
von Ichisaburo Sawai. Friedrich Wittig Verlag, Hamburg 1987.

„Auf See"
von Robert Weber, Roseggerstr. 13, Freiburg 1992.

„Ich sehe was"
von Ebbe Schioler / Susanne Hartmann. Carlsen Verlag, Hamburg.

„Überall versteckt sich was"
von Ruth Brown. Hoch Verlag, Stuttgart 1983.

„Wer versteckt sich hier"
von Yoshi / Hans Gärtner. Bilder Buch Studio.

„Guck mal, was da kommt"
von Klaus Neuhaus. Annette Betz Verlag, Wien.

„Ich glaube fast, hier stimmt was nicht"
von Sara Balls / Michael Czernich. ars edition, München, 1986.

„Ich sehe was, siehst du es auch?"
von Sara Balls / Michael Czernich. ars edition München, 1986.

„Wo ist Walter?"
von Martin Handford. Verlag Sauerländer, Aarau, 6. Auflage 1993.

„Kiwitan"
von Sita Jucker. bohem press, Zürich, 2. Auflage 1986.

„Moritz, Katzenkind"
von Vanessa Julian-Ottie. ars edition, München, 1987.

„Autos", 1992
„Schiffe"
„Flugzeuge"
„Eisenbahnen"
von Paul Stickland. ars edition, München.
Für jüngere Kinder.

Aus der Reihe: **„Meyers kleine Kinderbibliothek"** im Meyers Lexikonverlag. Bibliographisches Institut & F. A. Brockhaus, Mannheim:
„Das Auto" von Sophie Kniffke / Claude Delafosse, 1991.
„Das Flugzeug" von Donald Grant, 1992.
„Das Schiff" von Christian Broutin, 1992.
„Groß und klein" von Henri Galeron / Claude Delafosse, 1993.

Aus der Reihe: **„Alles was ich wissen will“** im Ravensburger Buchverlag Otto Maier:
„– zu Hause, in der Natur, im Verkehr“
von Eliot Humberstone, 1985.
„– über Autos, Schiffe und Flugzeuge“
von Kate Little / Annabel Thomas.

„Das Buch vom Fliegen“
von Dimiter Inkiow / Rolf Rettich. Orell Füssli Verlag, Zürich und Wiesbaden 1991.

Leporellos für jüngere Kinder:
„Alles über Lastwagen“, Kursiv Verlag, München 1991.
„Alles über die Eisenbahn“, Kursiv Verlag, München.

Weitere Bilderbücher siehe Heft 9, Seite 32, 33; Heft 10, Seite 22, 23.

Vorlesebücher

Aus der Reihe: **„Erde, Wasser, Feuer, Luft“** im Verlag Friedrich Oetinger, Hamburg:
„Werner Färber erzählt vom Ballonfahren“
von Werner Färber / Uwe Klindworth, 1992.

Aus der Reihe: **„Warum Geschichten“** im Loewes Verlag, Bindlach:
„Im Verkehr“ von Manfred Mai, 1992.

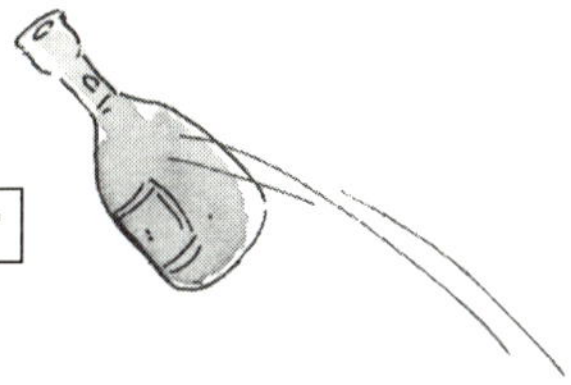

Bücher für Erzieher

„Die 10 Schritte“
Beiträge zur Verkehrssicherheit 8.
von Winkler / Kaminski / Papenhoff. Rot-Gelb-Grün Lehrmittel, Braunschweig.

„Die Vorschule der Verkehrserziehung“
Rot-Gelb-Grün Lehrmittel, Braunschweig.

Aus der Reihe: **„Praxis Verkehrserziehung**. Arbeitshilfen für den Elementarbereich“, erscheinen sechsmal jährlich mit je einem Schwerpunktthema, bei Rot-Geld-Grün Lehrmittel, Braunschweig.
Z.B. **„Wir fahr'n mit Helm“** Ausgabe 1/93.
„Spiele – selbstgemacht“ Ausgabe 2/93.
„Horch mal!“ Ausgabe 3/93.
„Hallo, ich seh' dich – und versteh' dich“ Ausgabe 4/93.
„Mein Freund, der Wind“ Ausgabe 5/93.

Aus der Reihe: **„Vorschulbriefe zur Unfallverhütung und Sicherheitserziehung“,** erscheinen viermal pro Jahr, bei Rot-Gelb-Grün Lehrmittel, Braunschweig.
Z.B. **„Wir spielen im ganzen Haus“**
„Ein schönes Grillfest“
„Vorsicht bei Insektenstichen“
„Unterwegs mit dem Bus“

Aus der Reihe: **„Wie ist das?“** Esslinger im ÖVB, Wien und Stuttgart:
„Transport und Verkehr“ von Robin Kerrod, 1992.

„Optische Wahrnehmung und Handgeschick“
von Helga Sinnhuber. Verlag modernes Lernen, Dortmund 3. Aufl. 1990.

Weitere Bilderbücher siehe Heft 9, Seite 32, 33; Heft 10, Seite 22, 23.

Geschichten

Scherben

Karl hat eine leere Flasche gefunden. „Paß mal auf, wie es knallt, wenn ich sie auf die Straße werfe!“ ruft er seinem Bruder Ernst zu.
„Karl, laß das!“ sagt Ernst, aber schon fliegt die Flasche auf die Straße und zerspringt in lauter Scherben.
„Wenn jetzt ein Radfahrer kommt, schneiden die Scherben ihm die Reifen entzwei“, sagt Ernst.
Man müßte die Scherben aufheben, denkt er. Aber große Lust hat er nicht dazu, und schließlich beruhigt er sich damit, daß er die Flasche ja nicht geworfen hat. Da kommt ein Radfahrer. Es sieht aus, als ob er gerade über die Scherben fährt. Aber er hat Glück. Seine Reifen bleiben heil. Bald haben Karl und Ernst die Scherben vergessen.

Abends sitzen sie mit der Mutter zusammen in der Küche. Die Mutter sieht auf die Uhr. „Wo bleibt denn der Vater heute? Es ist schon sieben Uhr, und er ist immer noch nicht da!“ Endlich schließt jemand die Tür auf. Der Vater kommt! Müde stellt er sein Rad auf den Hausgang und sagt:
„Heute hatte ich Pech. Ich bin mit meinem Rad in Scherben hineingefahren. Da ist vorn der Schlauch geplatzt, und ich mußte mein Rad schieben.“ *Erich Brehm*

Anmerkungen
Eigene Ideen
Notizen

Nebel

Anne, Johannes und Christoph wohnen in einem neuen Haus weit draußen vor der Stadt, wo schon die Felder und Wiesen anfangen. Unten im Haus wohnen die Großeltern.
Heute ist Sonntag. Vater und Mutter sind mit dem Auto weggefahren. „Zum Abendessen sind wir wieder zu Hause", hat die Mutter gesagt. Aber es ist sechs Uhr und sieben Uhr und fast acht Uhr geworden, und die Eltern sind noch nicht zurückgekommen. Die Kinder haben bei den Großeltern zu Abend gegessen. Jetzt sollen sie schlafen gehen. Die Großmutter geht mit den Kindern nach oben. Sie hilft Christoph beim Ausziehen und Waschen. Er ist erst vier Jahre alt.
„Ich bleibe wach, bis Vater und Mutter kommen", sagt er.
Die Großmutter macht das Licht aus. Die Kinder hören wie sie unten im Flur zum Großvater sagt: „Ich mache mir Sorgen." Was der Großvater antwortet, können sie nicht verstehen.
Anne sagt: „Wenn es neblig ist, gibt es viele Autounfälle."
„Aber Vater kann doch gut fahren. Er ist vorsichtig", sagt Johannes.
Eine Zeitlang sind sie still. Dann setzt Christoph sich in seinem Gitterbett auf. „Ich habe Angst!" sagt er.
„Ich auch!" flüstert Anne. „Sie haben doch sonst immer angerufen, wenn sie später gekommen sind."
„Sie fahren auf der Autobahn", sagt Johannes. „Wenn sie in einer Autoschlange sind, können sie nicht anhalten und telefonieren".
Wieder sind sie still. Dann steigt Johannes aus dem Bett und geht ans Fenster.
„Kann man die Lichter von den anderen Häusern sehen? Von der Gärtnerei?" fragt Anne.
„Nein", sagt Johannes. Er kann noch nicht einmal die Bäume auf der anderen Straßenseite erkennen.
„Vielleicht können die Eltern unser Haus gar nicht finden, und dann fahren sie vorbei!" sagt Christoph. „Ich will nach draußen gehen und winken." Er klettert schon aus dem Bett.
„Unsinn", sagt Johannes. „Wir wissen doch gar nicht, wann sie kommen."
„Aber sie müssen doch bald kommen!" sagt Anne. „Und das Stoffelchen hat recht. Ich kann jetzt einfach nicht mehr im Bett bleiben und warten. Davon wird die Angst nur schlimmer."
„Also gut", sagt Johannes. „Ich komme mit."
Die beiden Großen helfen Christoph beim Anziehen, und dann schleichen sie die Treppe hinunter. Leise schließt Johannes die Haustür auf. Er leuchtet mit seiner Taschenlampe in den Nebel. Keine zehn Schritte weit können sie sehen. Das Licht spiegelt sich auf der Straße.
„Glatteis!" ruf Anne.
„Sei still", sagt Johannes. Sie gehen die Straße hinunter.
„Licht aus!" flüstert Anne und hält Johannes fest. „Das ist jemand!" Aber es sind nur die Heckensträucher von der Gärtnerei.
„Ich habe Angst", sagt Anne. „Ich möchte wieder nach Hause gehen." „Ich nicht!" ruft Christoph. „Paß auf! Jetzt mache ich den Nebel kaputt!"
Er rudert mit den Armen und boxt mit beiden Fäusten in die Luft. Aber der Nebel bleibt. Dicht und weiß schließt er die Kinder ein.
„Sie kommen!" ruft Johannes. „Hört ihr? Das ist unser Auto. Sie kommen! Aber ich mache das Licht aus, damit Vater nicht erschrickt. Er darf doch nicht bremsen, weil es so glatt ist!"
Ganz plötzlich sind zwei Scheinwerfer vor ihnen – und schon an ihnen vorbei. Sie lachen und laufen hinterher. Der Vater fährt so langsam, daß sie fast mit dem Auto zugleich am Haus sind.
Gerade kommt Großvater an die Tür. „Gut, daß ihr da seid", sagt er. „Wir haben uns Sorgen gemacht. Aber die Kinder schlafen schon lange."
Da kommen die drei aus dem Nebel und rufen: „Da sind wir!" *Ursula Wölfel*

Wunder Welt, 2. Schuljahr, Cornelsen Verlag, Berlin.

Rätsel

Wer zieht sich durch das ganze Land,
mal gerade, mal mit Kurven?
Sie sind uns alle wohlbekannt,
wie werden sie genannt?
(Straßen) *Renate Lüber*

Feste und Feiern im Herbst

Gespräche

Feiern

Ausgang

Spiele

Sinnesübungen

Tätigkeiten

Experimente

Für das leibliche Wohl

Der Verkehr

Gespräche

Ausgang/Ausflug

Einladung

Tätigkeiten

Spiele

Bilderbücher/Suchbilderbücher

Tag und Nacht – Licht und Schatten

Gespräche

Ausgang

Beobachtungen

Experimente

Bilderbücher/Sachbücher

Spiele

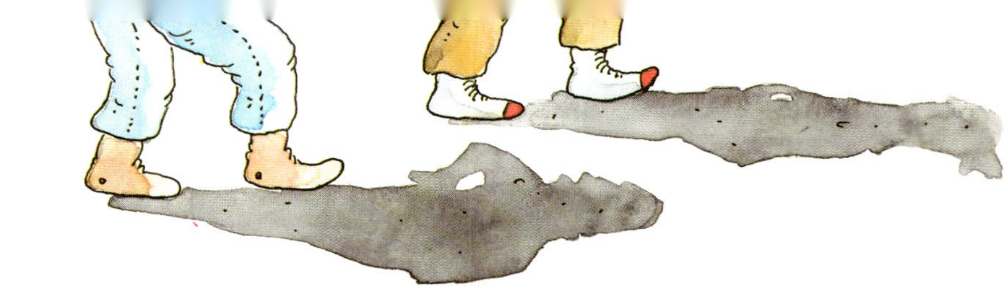

Geschichten

Reime

Rätsel

Manuelles Gestalten

Religiöse Erziehung

Lieder

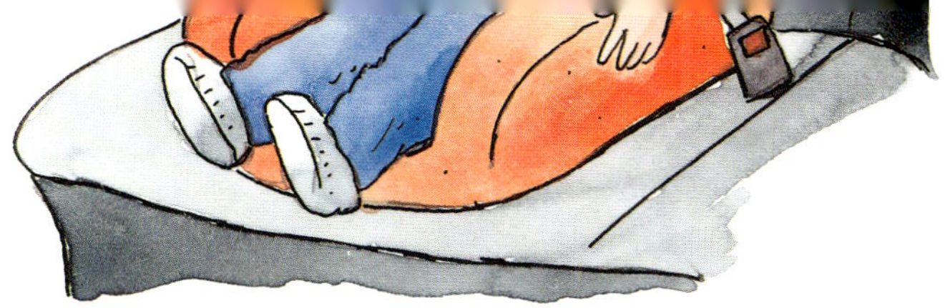

Geschichten

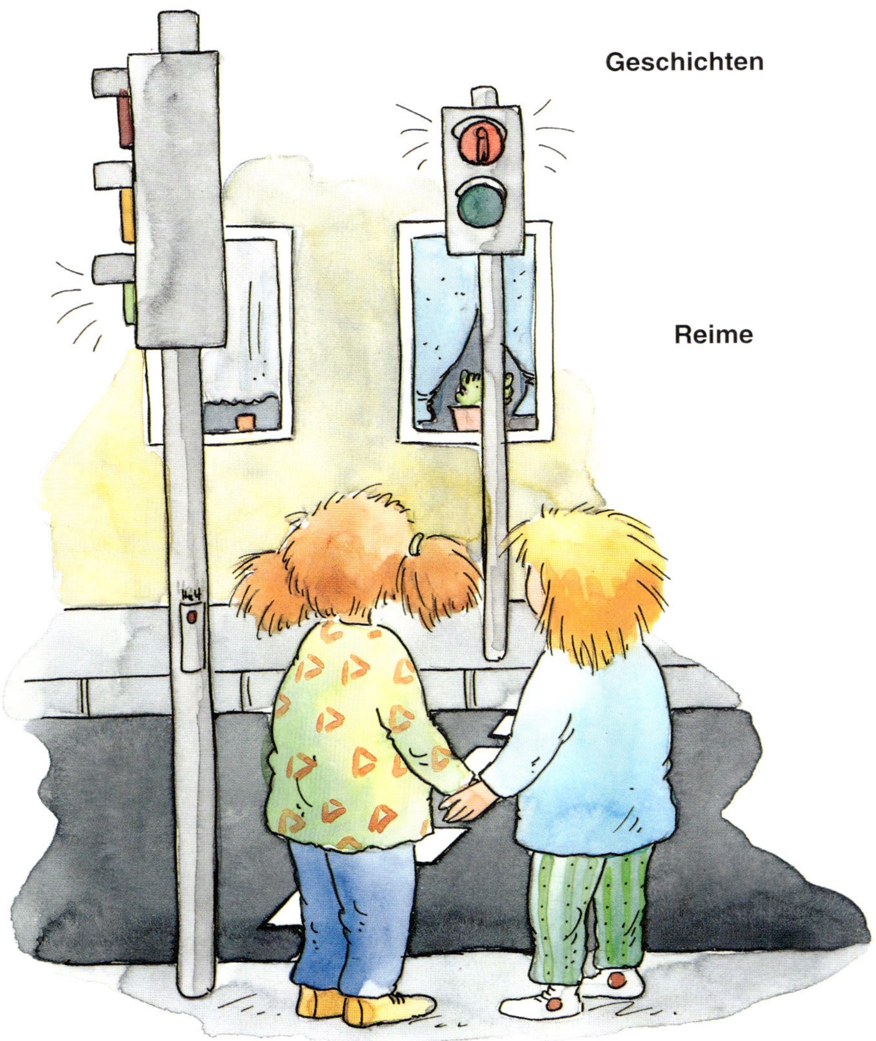

Reime

Rätsel

Lieder

Manuelles Gestalten

Singspiele

Rhythmik

Bilderbücher/Sachbücher

Reime

Zungenbrecher

Fingerspiele

Manuelles Gestalten

Rätsel

Religiöse Erziehung

Geschichten

Lieder

Tänze

Kreisspiele

Anmerkungen
Eigene Ideen
Notizen

Reime

Die Ampel

Die große Ampel zeigt uns an,
ob man über die Straße kann.
Zeigt die Ampel rotes Licht,
dies bedeutet, geh noch nicht,
laufe nicht, bleib noch stehn,
Autos erst vorüberziehn.

Zeigt die Ampel grünes Licht,
bleib noch stehen, geh noch nicht!
Schau, ob alle Autos halten,
schau den Fahrern ins Gesicht,
wenn du dann siehst, daß sie stehen,
ja dann laufe, zögre nicht.

Renate Lüber

Weitere Reime
siehe Heft 2, Seite 7:
„Bei Regenwetter und bei Sturm“;
und Heft 9, Seite 37.

Lieder

Ich spiele so gern mit meinen Autos

Text und Melodie: Volker Rosin

Aus:
Volker Rosin
„Das ist unsere Welt“
Don Bosco Verlag,
München, 1990[2].

2. Gabelstapler, Bagger, Raupe
sind beim Bauen da.
Polizei und Feuerwehr
machen Tatütata.

3. Überall sind meine Straßen,
fahr durchs ganze Haus.
Abends, wenn ich schlafe, gehen
die Motoren aus.

Anmerkungen
Eigene Ideen
Notizen

Lied vom Gehweg und der Straße

Text und Melodie: Klaus W. Hoffmann

2. Auf dem Gehweg hüpft der Junge,
und er pfeift: „Düdüdü!“
Doch auf der Straße fährt der Omnibus,
macht: „Brrm, brrmbrrmbrrm!“

Refrain: Ja, das ist…

3. Auf dem Gehweg steht die Oma,
und sie ruft: „Tag, Herr Schmalz!“
Doch auf der Straße fährt das Müllauto,
macht: „Brrm, brrmbrrmbrrm!“

Refrain: Ja, das ist…

4. Auf dem Gehweg geht der Opa.
zieht den Hut: „Tag, Frau Schön!“
Doch auf der Straße fährt die Feuerwehr,
macht: „Tüütüütaataa!“

Refrain: Ja, das ist…

5. Auf dem Gehweg schleicht die Katze
und miaut: „Miiau!“
Doch auf der Straße fährt der Traktor
und macht: „Brrt, brrtbrrtbrrt!“

Refrain: Ja, das ist…

6. Auf dem Gehweg sitzt der Dackel,
und er bellt: „Wauwauwau!“
Doch auf der Straße fährt das Motorrad,
macht: „Brrm, brrmbrrmbrrm!“

Refrain: Ja, das ist…

Anmerkungen
Eigene Ideen
Notizen

Josefine heißt die Ampel

Text: Lore Kleikamp / Musik: Anke und Detlev Jöcker

2. Josefine liebt die Kinder,
ob sie groß sind oder klein.
Um besonders sie zu schützen
fiel ihr kürzlich etwas ein.

Refrain:
Schaut, schaut, schaut auf die Ampel
und vergeßt es nicht!
Schaut, schaut, schaut auf die Ampel.
Rotes, gelbes, grünes Licht.

3. Kinder hüpfen, springen, zappeln,
manchmal gehn sie wie im Traum
sehen Autos, Räder, Menschen,
doch die Ampel sehn sie kaum.

Refrain:
Schaut, schaut, schaut auf die Ampel…

4. Josefine hat geduldig
viel geübt und es geschafft:
Stehen Kinder an der Kreuzung,
hat ihr Rotlicht viel mehr Kraft.

Refrain:
Schaut, schaut, schaut auf die Ampel…

5. Rotes Licht von Josefine
funkelt hell die Kinder an.
Strahlt und leuchtet, glänzt und schimmert.
Keins es übersehen kann.

Refrain:
Schaut, schaut, schaut auf die Ampel…

6. Kinder stehn am Straßenrande
rennen nicht mehr unbedacht.
Josefine ist zufrieden,
weil ihr das viel Freude macht.

Refrain:
Schaut, schaut, schaut auf die Ampel…

7. Wenn ihr nun auf eurem Wege
eine rote Ampel seht,
schaut gut hin. Es wäre möglich,
Josefine vor euch steht.

Refrain:
Schaut, schaut, schaut auf die Ampel…

Grün und Rot

Text: Renate Lüber / Melodie: Bernd Seitz

2. Rot und Grün, stehen oder gehn?
Bei Grün, da darfst du starten,
bei Grün mußt du nicht warten.
Rot und Grün, stehen oder gehn?

Auf der Straße ist was los

Text und Melodie: Diethard Wucher

2. An der Kreuzung bleibe stehen.
Rotes Licht: nicht weitergehn!
Zeigt die Ampel grünes Licht,
dann lauf zu, warte nicht!

Anmerkungen
Eigene Ideen
Notizen

Anmerkungen
Eigene Ideen
Notizen

Zebrastreifen

Musik und Text: Rolf Zuckowski
Bearb.: Michael Prost

Anmerkungen
Eigene Ideen
Notizen

Refrain:
Zebrastreifen, Zebrastreifen,
mancher wird dich nie begreifen,
Zebrastreifen, Zebrastreifen,
doch ich weiß Bescheid.

Zebrastreifen, Zebrastreifen,
alle, die dich nicht begreifen,
Zebrastreifen, Zebrastreifen,
die tun mir nur leid.

2. Ich stell' mich an das blaue Schild,
   damit man sieht, was ich hier will.
   Ich hebe deutlich meine Hand
   und seh' genau die Autos an.
   Und bremst ein Wagen, dann schau' ich
   dem Autofahrer ins Gesicht.
   Winkt er mir zu, dann guck' ich bloß,
   ob alle halten, dann geht's los!

Refrain:
Zebrastreifen, Zebrastreifen …

Alte Dampflok

Text und Melodie: Hans Baumann

Anmerkungen
Eigene Ideen
Notizen

Aus:
Hans Baumann
„Der Zauberball"
Möseler Verlag,
Wolfenbüttel.

2. Alte Dampflok, zieh den Zug, zieh den Zug!
Sind sechs Wagen denn genug, denn genug?
Auch sechs Wagen sind zuviel...

3. Alte Dampflok, zieh den Zug, zieh den Zug!
Sind fünf Wagen denn genug...

4. Alte Dampflok, zieh den Zug, zieh den Zug!
Sind vier Wagen denn genug...

5. Alte Dampflok, zieh den Zug, zieh den Zug!
Sind drei Wagen denn genug...

6. Alte Dampflok, zieh den Zug, zieh den Zug!
Sind zwei Wagen denn genug...

7. Alte Dampflok, zieh den Zug, zieh den Zug!
Ist ein Wagen denn genug...

8. Alte Dampflok, ganz allein, ganz allein
läufst du in die Welt hinein, Welt hinein!
Bin auf vollen Touren schon, tschtschtsch, tschtschtsch,
bald lauf ich mir selbst davon, tschtschtsch, tschtschtsch –
Schluß ist mit dem Schneckentrab,
rattattatt, die Lok haut ab!

So wird gespielt:
Ein Kind spielt die Dampflok, sieben Kinder spielen die Wagen, die einer nach dem anderen abgehängt werden. Während der letzten drei Strophen wird das Tempo gesteigert.

Nach den Strophen 1–7 ruft der „Fahrdienstleiter": Letzten Wagen abhängen!, der „Eisenbahner": Letzter Wagen ist abgehängt!, der „Fahrdienstleiter": Abfahren!

Autofahren

Aus:
„Zeige, was du hörst"
von Margot Pöschke / Wilhelm Hansen, Copenhagen
Wilhelmiana Musikverlag, Frankfurt.

Es wird gespielt:
Jedes Kind erhält einen kleinen Reifen als Lenkrad und ist nun ein Auto. Das Lied sagt, was dieses Auto zu tun hat. „Rot heißt: stehen! – Grün heißt: weiterfahren!" singen die Kinder gern selbst mit. – Einige wenige Kinder stehen hintereinander als Feuerwehr am Rande. Sie laufen für die Dauer der gesungenen Quart zwischen den stehenden Autokindern hindurch und müssen die Übungsfläche rechtzeitig wieder verlassen haben. Als Schluß des beliebig oft zu wiederholenden Liedes singt der Lehrer: „Noch ein Bogen, dann nach Haus, denn das Spiel ist aus."

Anmerkungen
Eigene Ideen
Notizen

Rhythmik

Lied

Volksgut

Wir gestalten Rhythmikstunden mit roten, gelben, grünen und blauen Tüchern, Fahnen, Bällen, Reifen, Ringen, Seilen, Sandsäckchen ...; die Begriffe rechts – links, vorne – hinten, vorwärts – rückwärts, schnell – langsam, nah – fern, nähern – entfernen, anhalten – weitergehen ... werden miteinbezogen; ferner verschiedene Fortbewegungsarten, wie das Rollen, Robben, Krabbeln, Rutschen, Schleichen, Gehen, Rennen, Hüpfen ...

Buch für Erzieher

„Tausendfüßlers Taschentuch"
Spiele mit Seilen und Tüchern
von Uli Geißer / Susanne Sommer. Ökotopia Verlag, Münster 4. Aufl. 1992.

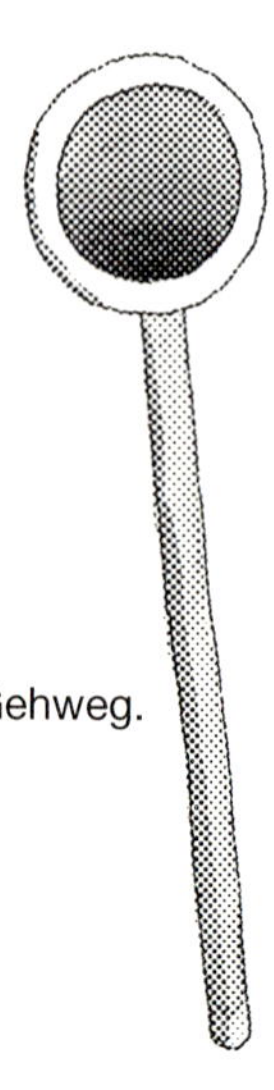

Manuelles Gestalten

Malen

Straßenleben
Das Treiben auf der Straße und dem Gehweg.

Verkehrszeichen
Verkehrszeichen, die auch für uns von Bedeutung sind.

Fußgängerampel

Basteln

Kelle
Material: Karton, rotes und grünes Buntpapier.
Auf den Karton malen wir die Kelle auf und schneiden sie aus. Auf dem roten und grünen Buntpapier wird je ein Kreis aufgemalt, ausgeschnitten und vorne und hinten auf die Kelle aufgeklebt.

Polizeimütze

Material: grünes, festes Papier oder dünner Karton.
Auf das Papier werden das Mützenteil, der Mützenrand und das Schild aufgemalt, aus- und an den entsprechenden Stellen eingeschnitten. Danach werden die einzelnen Teile zusammengeklebt.

Das Mützenteil hat einen Durchmesser von ca. 26 cm, wovon rundum 4 cm zum späteren Umknicken eingeschnitten werden. Der Mützenrand hat eine Länge von etwa 52 cm, incl. 2 cm zum Übereinanderkleben. Das Schild hat eine Länge von ca. 20 cm und eine Breite von 6 cm, 1 cm zum Einschneiden.
Den Polizeistern mit seinen 12 Zacken schneiden wir aus Glanzpapier (eventuell mit Pappe verstärken) und kleben ihn vorn auf unsere Mütze.

Fußgängerampel

Material: Karton und Wachsfarben.
Auf Pappe malen wir die Ampelteile auf und schneiden sie aus.
Die Kreise im Außenteil werden ausgeschnitten, die aufgezeichneten Kreise im Innenteil je rot und grün angemalt. Wir setzen unsere Ampel zusammen, kleben sie mit den beiden Klebelaschen zu und können sie dann beliebig auf Rot oder Grün schalten bzw. schieben.

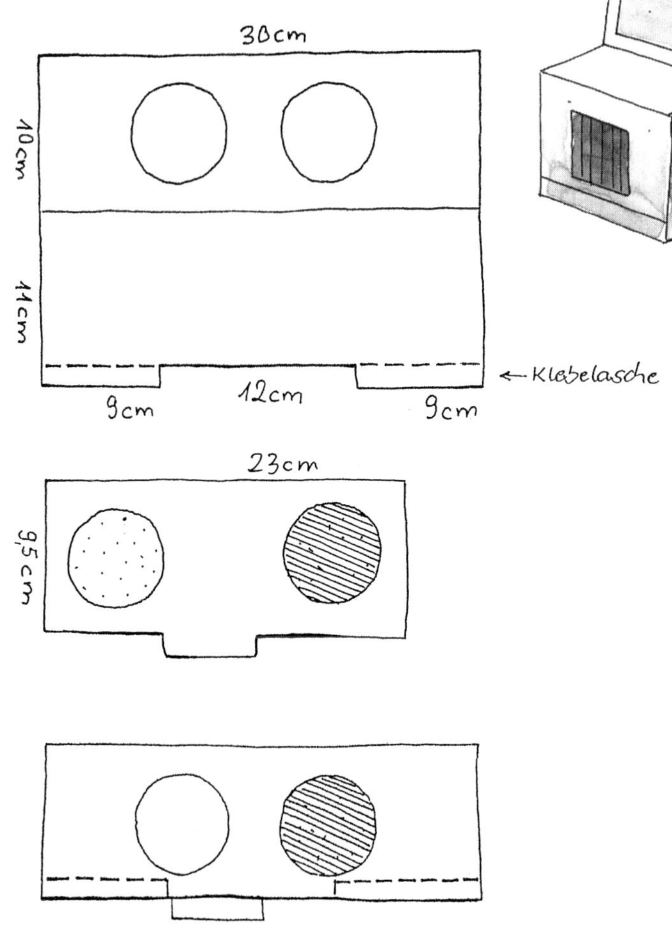

Fahrzeuge

Material: Schuhschachteln in verschiedenen Größen, Pappscheiben für die Räder, Musterbeutelklammern zum Befestigen der Räder, Farben zum Bemalen oder buntes Papier zum Bekleben der Fahrzeugteile.

Weiteres siehe Heft 9, Seite 47, 48.

Anmerkungen
Eigene Ideen
Notizen

Feste und Feiern im Herbst

Information

- Erntefeste findet man in allen Kulturen und Religionen. Bereits in der Antike wurden Erntedankfeste gefeiert.

- Das bei uns im Gottesdienst nach Abschluß der Ernte gefeierte Erntedankfest kennt man seit dem 18. Jahrhundert. Man feiert es Ende September/Anfang Oktober. Zu diesem Fest werden die Kirchen mit den verschiedensten Erntegaben geschmückt.

- Der Almabtrieb, den die Bauern in den Alpenländern feiern, entspricht dem Erntefest. Der Käse wird ins Tal gebracht, und die wohlgenährten Kühe werden von der Alm heruntergetrieben. Für diesen Heimweg werden sie mit Kräuterkränzen, Blumen und Flitter geschmückt.

- Das Winzerfest wird nach der Weinlese gefeiert.

- Die Kirchweih oder Kirmes im Herbst ist ein Volksfest mit Musik und Tanz, mit Wettschießen und Wettspielen, mit Aufmärschen von Vereinen und Zünften. Sie wird meist nach Abschluß der Erntearbeiten gefeiert und zieht sich über mehrere Tage hin.

- Das Sankt-Martins-Fest, siehe Heft 3, Seite 2.

- Das Sankt-Nikolaus-Fest, siehe Heft 3, Seite 16.

- Die Kartoffel, auch Erdapfel genannt, stammt aus Südamerika. Ihre grünen Beeren, die sich aus der Blüte entwickeln, und auch ihre Blätter sind giftig. Eßbar sind nur die in der Erde wachsenden Knollen.
Sie wurde bei uns bereits im 16. Jahrhundert eingeführt. Die Bevölkerung wußte jedoch nichts mit dieser eigenartigen, roh nicht gut schmeckenden Knolle anzufangen. Nicht einmal die Hunde, denen man sie vorwarf, wollten sie fressen.
Erst die Not, die der Dreißigjährige Krieg mit sich brachte, und der Befehl des Königs Friedrich des Großen, den Kartoffelanbau in Schlesien und Pommern zu betreiben, trugen zu ihrer weiteren Verbreitung bei. Hungersnöte zu Ende des 18. und zu Beginn des 19. Jahrhundert führten auch in Frankreich dazu, den Kartoffelanbau weiter auszudehnen.
Heute ist die Kartoffel eines unserer wichtigsten Grundnahrungsmittel und von unserem Speiseplan nicht mehr wegzudenken.

- Der Apfel galt bereits in alten Kulturen als Symbol der Fruchtbarkeit.
Schon in vorgeschichtlicher Zeit verstanden es die Menschen, bessere Sorten durch Veredelung zu bekommen und diese Sorten zu erhalten und zu vermehren. Im Verlauf von Jahrtausenden entstanden so durch die Kreuzung asiatischer und europäischer Wildformen über 600 Apfelsorten. Je nach Bestimmung – Tafeläpfel, Koch- oder Dörräpfel oder Äpfel zur Mostgewinnung – wachsen sie am Hochstamm, am Halbstamm, am Buschbaum oder am Spalier.

- Die Traube ist der Fruchtstand der Weinrebe. Ebenso wie der Apfel ist sie eine seit Jahrtausenden gezüchtete Kulturpflanze. Bereits im alten Ägypten wurden Kulturreben angebaut. Ganze Kulturen und Regionen sind durch den Weinbau geprägt. Neben einem milden Klima und dem richtigen Boden gehört auch eine große Portion Sachverstand zum Gelingen eines guten Weins, der je nach Region ganz unterschiedliche Qualitätsmerkmale aufweist. Den Weinbauern nennt man Winzer. Die Traubenernte nennt man Weinlese. Je nach Sorte sind die Trauben blau, rot, grün oder gelb. Sie finden Verwendung als Tafelobst, getrocknet als Rosinen oder als Saft, Wein oder Weinbrand.

- Die Nuß ist in zahlreichen Sorten bei uns erhältlich; die bekanntesten Nüsse sind die Wal-, die Hasel- und die Erdnuß. Die Walnuß nennt man auch Welsche Nuß. Sie wächst an

einem Walnußbaum, der bis zu 25 m hoch werden kann. Dieser Baum ist eine alte Kulturpflanze. Vermutlich stammt er aus dem Orient und wurde von den Römern bei uns eingeführt.
Die Haselnuß wächst am Haselstrauch. Die Erdnuß ist eine bei uns nicht heimische Pflanze. Sie gehört zu den Kulturpflanzen in den tropischen Ländern. Ihre Früchte reifen unter der Erde.

Gespräche

Wenn wir ein Fest feiern möchten, haben wir viele Vorbereitungen zu treffen. Diese gemeinsame Festvorbereitung ist von gleicher Bedeutung wie das Fest selbst.
Die Früchte für unser Erntefest müssen zuerst geerntet werden (eventuell auch eingekauft), zu einem Festmahl zubereitet, und die Tischdekoration muß gebastelt werden.

- Über die Kartoffeln:

Von wo und wie die Kartoffeln zu uns kamen; wo sie angebaut und wie sie geerntet werden.
Was wir alles mit Kartoffeln machen können: Pellkartoffeln, Salzkartoffeln, Kartoffelbrei, Kartoffelauflauf, Kartoffelklöße, Bratkartoffeln, Kartoffelsalat, Kartoffelsuppe, Kartoffelpuffer, Kroketten, Pommes frites, Chips…

- Über die Äpfel:

Wo die Äpfel wachsen, und wie wir sie ernten.
Was wir mit Äpfeln alles machen können: Apfelkuchen, Apfelkompott, Apfelmus, Apfelgelee, Apfelpfannkuchen, Apfelreis, Bratäpfel, Apfelsaft…

- Über die Trauben:

Wo die Trauben wachsen, und wie sie geerntet werden.
Was wir mit Trauben alles machen können: Traubenkuchen, Traubengelee, Traubensaft…

- Über die Nüsse:

Wo die Nüsse wachsen, und wie sie geerntet werden.
Was wir mit Nüssen machen können: Nußkuchen, Nußbrötchen, Müsli, Nußöl…

Feiern

Wir feiern ein Herbstfest. Dies kann z. B.

- Traubenfest
- Apfelfest
- Nußfest oder
- Kartoffelfest… sein.

Weitere Feste:

- Erntedank, siehe Heft 1 und Heft 6.
- St. Martin und St. Nikolaus, siehe Heft 3.
- Herbstwind (Windfest), siehe Heft 6.

Ausgang

Je nach Region und dem Fest, das wir feiern möchten, unternehmen wir einen Ausflug

- in einen Weinberg
- in einen Obstgarten oder
- auf ein Kartoffelfeld.

Zuvor sollte man sich mit dem Bauern absprechen, ob man bei der Ernte helfen und auch Trauben, Äpfel, Nüsse oder Kartoffeln mit in den Kindergarten nehmen darf. Vielleicht ist es auch möglich, beim Pressen von Trauben oder Äpfeln zuzusehen und den Saft zu probieren.

Anmerkungen
Eigene Ideen
Notizen

Spiele

Für ein Kartoffelfest:
Kartoffellauf (wie Eierlauf, siehe Heft 4, Seite 44.)
Kartoffelsackhüpfen

Für ein Nußfest:
Nüsse raten
Siehe bei Sinnesübungen.

Tätigkeiten

Für ein Nußfest:
Nußkerzen
Material: Kerzenreste, halbe Walnußschalen, Docht. Wir schmelzen Kerzenreste im Wasserbad. Das flüssige Wachs füllen wir mit einem Löffel in die Walnußschalen und hängen einen Docht hinein. Den Docht halten wir so lange fest, bis das Wachs gehärtet ist.
An unserem Nußfest setzen wir unsere Nußkerzen in eine Schale mit Wasser und zünden sie an.

Nüsse knacken
Wir knacken Nüsse mit unterschiedlichen Nußknackern (diese eventuell bei den Eltern ausleihen).

Für ein Kartoffelfest:
Kartoffelkönig
Wir basteln Kartoffelkönige als Tischdekoration für unsere Festtafel. Siehe Heft 1, Seite 43.

Für ein Traubenfest:
Trauben
Wir dekorieren unseren Festtisch mit frischen roten und grünen Trauben und den dazugehörenden Rebblättern.

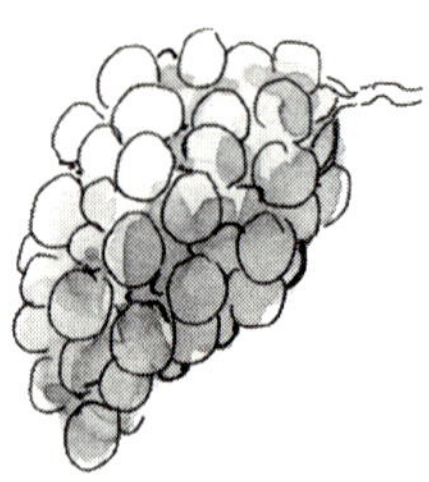

Für ein Apfelfest:
Äpfel
Hier schmücken wir unseren Festtisch mit blankpolierten Äpfeln verschiedener Sorten.

Bilderbetrachtungen
In: Herders Großes Bilderlexikon, Freiburg 14. Auflage 1991.
- Kartoffelstaude
- Traube
- Apfel
- Nüsse

Bildfolgen
Wir hängen Bildfolgen in unserem Gruppenraum auf wie z. B.
- Von der gekeimten Knolle zur neuen Kartoffel
- Von der Blüte zum Apfel
- Von der Blüte zur Traube
- Von der Blüte zur Nuß

Für diese Bildfolgen schneiden wir passende Bilder aus Illustrierten aus oder malen sie selbst und kleben sie in entsprechender Reihenfolge zusammen.

Collagen
- Rund um die Kartoffel
- Rund um den Apfel
- Rund um die Traube
- Rund um die Nuß

Sinnesübungen

Mit Nüssen: Hierzu füllen wir Nüsse in Säckchen. Wir ertasten von außen und auch durch Hineingreifen, welche Art von Nüssen sich jeweils darin befinden. Wir hören, welche Nüsse welche Geräusche machen, wenn wir sie im Säckchen aneinanderreiben. Wir essen die Nüsse und schmecken den unterschiedlichen Geschmack.

Experiment

Wir lassen eine Kartoffel im Gruppenraum liegen. Am besten in einer kleinen Pappschachtel oder in einem Leinensäckchen. Nach einiger Zeit schrumpelt die Kartoffel zusammen und beginnt zu keimen.

Für das leibliche Wohl

Bei einem Traubenfest kann es z. B. geben:
- Traubensaft
- Traubenkuchen, Biskuit belegt mit frischen Trauben.
- Traubenmüsli
- Rosinenbrötchen

Bei einem Apfelfest beispielsweise:
- Kinder-Punsch, siehe Heft 2, Seite 21.
- Bratäpfel, siehe Heft 3, Seite 32.
- Apfelreis, siehe Heft 6, Seite 36.
- Apfelkuchen

Für den Teig:
200 g Mehl,
70 g Zucker,
1 Prise Salz,
100 g Butter
und ein kleines Ei
in einer Schüssel zusammenkneten;
in eine Springform drücken und einen Rand hochdrücken.

Für den Belag:
50 g Kouvertüre,
2 kleine Bananen,
750 g Boskop-Äpfel;
2 Eßl. Zitronensaft,
40 g Rosinen,
40 g gehobelte Mandeln,
50 g Butter,
30 g Zucker.

Die weiche Kouvertüre auf den Teig streichen und mit Bananenscheiben belegen.
Die geschälten Äpfel geviertelt auf die Bananen legen.
Darüber Rosinen und Mandeln verteilen.
Den Zitronensaft darüberträufeln.
Im vorgeheizten Backofen, untere Schiene, bei 200 Grad, 40 Min. backen.
Butter und Zucker in einer Pfanne leicht anbräunen und über den fertigen Kuchen gießen.
Der Kuchen schmeckt ausgezeichnet, wenn er 2–3 Tage kühl aufbewahrt war!

Bei einem Nußfest z. B.:
- Frische Nüsse mit Traubensaft und Bauernbrot
- Nußkuchen
- Nußbrot

Bei einem Kartoffelfest beispielsweise:
- Pellkartoffeln mit Kräuterquark
- Kartoffelpuffer aus rohen Kartoffeln
- Kartoffelbrei
- Kartoffelsalat
- Kartoffelsuppe, siehe Heft 7, Seite 37.
- Kartoffeln im Kartoffelfeuer gegart. Dazu verschiedene Quarksorten.

Bilderbücher / Sachbücher

„Mein Herbstbuch“
von Maria Blazejovsky. Jugend und Volk, Wien 1991. Für jüngere Kinder.

„Der Herbst ist schön“
von Pieter Kunstreich / Friedel Hofbauer / Ingeborg H. Tschinkel.
Jugend und Volk Verlagsges., Wien, München 1976.

„Komm mit nach Blumental im Herbst“
von Beatrix Kutschera / Friedel Hofbauer / Ingeborg H. Tschinkel. Jugend & Volk Schulbuchverlag, Wien 1978.

„Hurra, wir feiern ein Fest im Herbst“
von Bruno Wegscheider / Johanna Huber / Ingeborg H. Tschinkel. Jugend & Volk Verlagsges., Wien – München 1984.

Aus der Reihe: **„Meyers kleine Kinderbibliothek“** im Meyers Lexikonverlag. Bibliographisches Institut & F. A. Brockhaus, Mannheim:
„Der Apfel“ von Pierre-Marie Valt / Pascale Bourgoing, 1992.

Aus der Reihe: **„Der Guckkasten“** im Saatkornverlag, Hamburg
„Der Apfel“ 1983.
„Pilze“ von Lydia van Andelt/ Ineke van Sijl/Cheranke Ronkes Agerbeek, 1987.
„Das Brot“ von Lydia van Andelt/ Ineke van Sijl/Cheranke Ronkes Agerbeek, 2. Aufl. 1992.

Aus der Reihe: **„Die vier Jahreszeiten“** im Dr. Hans Peters Verlag, Hanau, Salzburg, Bern.
„Herbst“ von Ruth Thomson / Peter Millard, 1991.

„Igelkinder“
von Else Schwenk-Anger / Steffi Schwenk. ESA-Verlag, Alpirsbach 1987.

„Piek, das Igelkind“
von Christine Adrian / Gerda Muller. Ravensburger Buchverlag Otto Maier, 1986.

„Die roten Pullover von Matz, Fratz und Lisettchen“
von Kazuo Iwamura / Rose Pflock. Dr. Hans Peters Verlag, Hanau, Salzburg, Bern 3. Aufl. 1993.

„Martinus teilt den Mantel“
von Regine Schindler / Hilde Heyduck-Huth. Verlag Ernst Kaufmann, Lahr 4. Aufl. 1993.

„Leuchte auf mein Licht“
von Jutta Tim. Ravensburger Buchverlag Otto Maier, 1993.

„Sankt Nikolaus“
von Regine Schindler / Carola Schade. Verlag Ernst Kaufmann, Lahr 2. Aufl. 1991.

„Der echte Nikolaus“
von Ingrid Ostheeren / Christa Unzner-Fischer. Nord-Süd Verlag, Gossau Zürich und Hamburg 1993.

„Der Nikolaus Niklaus“
von Eugen Sopko. bohem press, Zürich, Recklinghausen, Wien, Paris 1987.

„Wie Nikolaus einen Gehilfen fand“
von Kathrin Siegenthaler / Marcus Pfister. Nord-Süd Verlag, Gossau Zürich und München 1987.
Auch als Taschenbuch beim dtv, München 2. Aufl. 1992.

„Wach auf, Siebenschläfer, Sankt Nikolaus ist da“
von Eleonore Schmid. Nord-Süd-Verlag, Gossau Zürich und Hamburg 3. Aufl. 1991.

Weitere Bilderbücher siehe Heft 3, Seite 3, 16; Heft 1, Seite 32.

Bücher für Erzieher

„Erntedank“
von Eva Jürgensen / Christine Bading / Hildegard Reblin. Ernst Kaufmann Verlag, Lahr 1992.

„Wenn die Blätter bunt sich färben“
Band 2: Herbstzeit / Spielzeit
von Elke Bräunling / Alfons Schweiggert / Paul G. Walter.
Konstanzer Taschenbücher 1992.

„St. Martin“
Oder: Den Mantel teilen
Anregungen zur Gestaltung des Martinsfestes für Jung und Alt. Herausgeber: Caritasverband für das Bistum Aachen e.V. und Katechetisches Institut Bistum Aachen.

„Martinsfeiern“
Bilder und Texte, Spielszenen und Anregungen zum Martinstag, mit Dia-Serie.
von Burkard Schönwälder / Herausgeber: Bistum Essen, Seelsorgeamt 1992.
Auslieferung: Deutscher Katecheten-Verein – Buchdienst –, Preysingstr. 83c, 81667 München.
Für das Bistum Essen: Bischöfliches Generalvikariat Seelsorgeamt, Abt. Gemeindepastoral, Burgplatz 3, 45127 Essen.

„Komm in unser Haus, St. Nikolaus“
Anregungen zur Festgestaltung.
Herausgeber: Katechetisches Institut des Bistums Aachen – Institut für Religionspädagogik und Katechetik – Eupener Str. 138, 52066 Aachen.

Aus der Reihe: **„Mit Kindern basteln“** im Englisch Verlag, Wiesbaden.
„Drucktechniken“ von Margot Weiß, 2. Aufl. 1992.

Anmerkungen
Eigene Ideen
Notizen

Reime

Huh, huh – hört ihr den Wind?

Huh, huh – hört ihr den Wind?
Huh, huh – kommt er geschwind!
Reißt uns vom Baume
Apfel und Pflaume,
saust immerzu, zaust immerzu,
gibt keine Ruh.
Huh, huh – so heult der Wind. *Volksgut*

Laterne

Meine Laterne, die ist schön,
ich hebe sie hoch, daß sie alle sehn,
ich trage sie in die Nacht hinein,
die sie erhellt mit ihrem Schein.
Renate Lüber

Weitere Reime
siehe Heft 1, Seite 35, 36;
Heft 6, Seite 9, 10, 11.

Zungenbrecher

Nußknacker

Kleine Nußknacker
knacken knackig,
knackiger knacken
große Nußknacker.

Weitere Zungenbrecher
siehe Heft 1, Seite 34.

Fingerspiele

Reife Äpfel, reife Äpfel
liegen da im Gras.
Apfelernte, Apfelernte
macht uns allen Spaß.
Holt die Leiter, holt die Leiter,
steigt bis oben an.
Pflückt die Äpfel, pflückt die Äpfel,
legt sie sorgsam dann
in die Apfelkörbe.
Volle Körbe, volle Körbe,
tragen wir nach Haus.
Bis zu Ostern, bis zu Ostern
reicht die Ernte aus. *Volksgut*

Weitere Fingerspiele siehe Heft 1, Seite 36, 37; Heft 6, Seite 11.

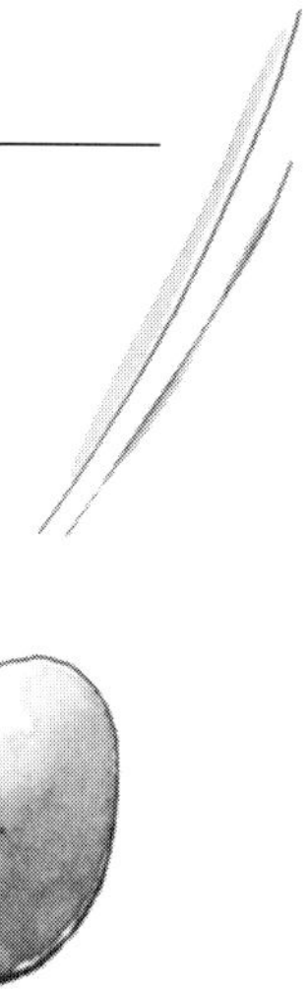

Rätsel

Ich sah ein Büblein kerngesund
mit frischen, roten Wangen,
mit einem Köpflein kugelrund,
hoch, hoch im Baume hangen.

Kopfunter denk dir – hing es da
so recht vergnügt und munter.
und als ich es so baumeln sah,
da fiel es, patsch, herunter.

Es fiel mir auf die Nase gar,
das schien mir sehr vermessen.
Drum habe ich mit Haut und Haar
das Bürschlein aufgegessen.
(Apfel) *Gustav Falke*

*

Im Frühling
hängt sie wie ein
kleines Würstchen am Baum.
Im Sommer
gebettet in eine dicke Hülle,
sieht aus wie eine grüne Pflaume
zwischen den Blättern,
da sieht man sie kaum.
Im Herbst,
wenn dann die Winde blasen,
da macht die grüne Hülle knack,
und aus ihrem Innern
fällt was Feines,
in braune Schale Gepacktes, herab.
Es liegt dann im Grase,
für uns ein Genuß,
wir suchen es gerne,
es ist die …?
(Walnuß) *Renate Lüber*

*

Es wächst am Baum und auch am Busch;
ist außen hart und innen süß;
ihr habt es gern, es ist die …
(Nuß) *Volksgut*

Weitere Rätsel siehe Heft 1, Seite 38; Heft 7, Seite 41.

Anmerkungen
Eigene Ideen
Notizen

Geschichten

Kartoffelgeschichten

„Hans“, ruft die Mutter, „geh bitte in den Garten und grab mir einige Kartoffeln aus. Ich möchte zum Abendessen Pellkartoffeln kochen.“
Hans nimmt eine Schüssel und geht in den Garten. Er kennt den Platz, wo die Kartoffeln wachsen. Im Frühjahr hatte er zugesehen, wie Vater mit der Harke eine Furche gegraben hat. Vater hat dann Kartoffeln in die Furche gelegt; zuerst eine, einen Schritt weiter eine zweite und dann wieder eine und so fort. Als dann alle Kartoffeln gesetzt waren, hat Vater die Furche wieder zugedeckt. Er hat Erde über die Furche gehäuft.
Es hat dann eine Zeit gedauert, bis Hans eines Morgens entdeckte, daß aus der Erde grüne Triebe herausspitzten. Die Triebe wuchsen rasch. Man konnte gut sehen, wo Vater eine Kartoffel in die Erde gesetzt hatte; denn da wuchs jetzt eine grüne Kartoffelstaude empor. Später begann die Staude zu blühen. Weißviolette Blüten konnte man sehen. Im Sommer wurde dann die Staude braun. Die Blätter welkten, verdorrten. Jetzt liegt die Staude am Boden. Sie ist wie abgestorben.
Hans geht auf die größte Kartoffelstaude zu. Sorgfältig lockert er mit seiner Hand die Erde rund um die Staude. Er wird jetzt die Staude aus der Erde ziehen. Hans ist neugierig, was wohl aus der einen Kartoffel geworden ist, die Vater im Frühjahr an dieser Stelle in die Erde setzte.

Ballt mal eure Faust! So groß war die Saatkartoffel, von der ich euch erzähle. Wenn ihr die Augen jetzt schließt, könnt ihr euch die Geschichte gut vorstellen und in euch ein Bild davon sehen.
Faustgroß war also die Kartoffel; ihr Schalenkleid war braun wie die Erde. Ein wenig von Erde beschmutzt war sie auch. Aber das macht nichts aus. Denn die Kartoffel kam ja aus der Erde heraus. In der Erde war sie gewachsen, groß geworden und sie sollte wieder in die Erde hinein. Im Frühjahr wurde sie in die Erde gelegt, wie in ein Bett. Mit Erde wurde sie zugedeckt. Und da lag sie nun in ihrem Erdbett. In dunkler, feuchter und von der Sonne erwärmter Erde lag sie. Und sie begann zu leben.
Weiße Schnüre wuchsen aus ihr heraus, Triebe sagt man dazu. Die Kartoffel trieb aus, nach oben, auf die Seite, nach unten.
Die Triebe nach oben stießen mit Kraft durch die Erde, langsam, ganz langsam, jeden Tag ein winziges Stück. Grün wurden diese Triebe in der Sonne. Sie bekamen Blätter, viele Blätter und auch Blüten, weiße Blüten. Die Blätter tranken das Sonnenlicht, die Wärme, die Luft in sich hinein.
Die Kartoffel trieb auf die Seite, nach unten aus. Die weißen Schnüre in der Erde bekamen Wurzeln, feine, haardünne Würzelchen. Die tranken das Feuchte, das Wasser aus der Erde.
An manchen Stellen wurden die Erdtriebe dick. Sie bekamen kleine Knoten, Knöllchen. Die Knöllchen wuchsen, langsam, ganz langsam, jeden Tag ein bißchen. Sie wurden immer größer. Sie wurden zu richtigen Kartoffeln, zu größeren und kleineren.
Die alte Kartoffel aber ist jetzt wirklich alt geworden. Runzelig ist sie, eingeschrumpft. Sie hat viel Kraft gebraucht. Sie trägt einen schönen Namen: Mutterknolle.
Ihr versteht den Namen.

Hans hat getan, worum ihn die Mutter gebeten hat. Er hat die Schüssel mit Kartoffeln gefüllt. Auf dem Weg ins Haus kommt er noch am Apfelbaum vorbei. Hans entdeckt: hier liegen ja einige Äpfel im Gras. Er denkt, es ist schade, wenn sie im Gras liegen und verfaulen, diese schönen, rotbackigen, süßen Äpfel. Hans bückt sich und hebt sie auf. Drei, vier, fünf Äpfel sind es. Er legt sie zu den Kartoffeln in die Schüssel.
Wenn die Kartoffeln und Äpfel jetzt fühlen, denken, reden könnten wie Menschen, was glaubt ihr, daß sie miteinander sprechen würden?

Franz Kett u. a., aus: Religionspädagogische Arbeitshilfen 1978, 1, RPA Verlag Landshut.

Das schönste Martinslicht

Martin ist sehr stolz auf seine Laterne. Sie ist viereckig und aus roter Pappe geschnitten und geklebt. Die vier Seitenfelder sind aus durchsichtigem gelbem Papier. Darauf sind mit schwarzer Farbe eine Sonne, ein Mond, ein Stern und der heilige Martin auf seinem Pferd gemalt. Und diese Laterne hat Martin selbst gemacht! Anton, Vaters Gehilfe, hat ihm nur die Pappe zugeschnitten, und Ulis Vater hat ihm das Pferd und den Reiter vor-

gezeichnet. Nun schaukelt die schöne Laterne an einem langen Stock vor Martin her.
Alle Kinder aus der Lindenstraße wollen sich um sechs Uhr abends vor Herrn Bierbachs Laden treffen und dort mit dem Martinssingen anfangen. Sie bekommen jedes Jahr von Herrn Bierbach besonders leckere Sachen.
Fast alle sind schon da. Da kommen andere Kinder. Sie gehen gleich in Herrn Bierbachs Laden und singen.
„Das sind die aus der Erlenstraße", sagt Andreas. „Was wollen die denn hier? Herrn Bierbachs Laden gehört zu unserer Straße."
Die fremden Kinder kommen aus dem Laden und gehen um die Ecke in den Tannenweg.
„Das ist eigentlich auch noch unser Gebiet", sagt Johannes so laut, daß die anderen es hören müssen, und Martin sagt noch lauter: „Die sind aber frech!"
Jetzt gehen die Kinder aus der Lindenstraße auch zu Herrn Bierbach. Sie geben sich sehr viel Mühe mit dem Singen. Herr Bierbach schenkt ihnen Schokoladenriegel in Silberpapier, und sie sind zufrieden.
Martin ist noch bis zuletzt im Laden geblieben. Herr Bierbach wollte seine Laterne von allen Seiten betrachten. Martin läuft den anderen nach. Sie singen schon nebenan im Hausflur.
Da hört er im Tannenweg jemanden weinen. Ein kleiner Junge hockt an einer Hauswand. Martin kennt ihn nicht.
„Weshalb weinst du denn?" fragt er.
„Meine Laterne!" sagt der Kleine. „Auf einmal hat sie gebrannt. Eine Frau ist gekommen und hat sie mir aus der Hand gerissen und hat mit den Füßen darauf herumgetrampelt!"
„Das ist aber schade!" sagt Martin.

„Ich habe noch nie mitgehen dürfen, weil ich zu klein war", sagt der Junge. „Und heute hat meine Mutti es endlich erlaubt, und jetzt habe ich keine Laterne mehr!"
„Im nächsten Jahr bekommst du eine neue", sagt Martin.
„Aber ich möchte doch heute so gern mitgehen!"
„Gehörst du zu denen aus der Erlenstraße?" fragt Martin. Der Junge nickt.
„Wie heißt du denn?"
„Thomas heiße ich. Und du?"
„Martin. Und jetzt lauf, sonst holst du die anderen nicht mehr ein. Du kannst auch ohne Laterne mitgehen."
„Martin?" fragt Thomas. „Heißt du wirklich Martin, wie der Mann, der seinen Mantel verschenkt hat?"
„Ja. Ich heiße wirklich so."
„Ach!" sagt Thomas und wischt sicht die Augen mit den schmutzigen Händen. Martin hebt seine Laterne hoch, seine schöne Laterne, und schwenkt sie hin und her.
„Die ist schön!" sagt Thomas. „So schön war meine nicht. Aber sie war auch schön, ganz bunt."
„Ich habe sie selbst gemacht", sagt Martin. „Das war eine Arbeit!" Er dreht die Laterne, er sieht noch einmal die Sonne, den Mond, den Stern und den Reiter an. Und dann gibt er dem Kleinen den Stock in die Hand und sagt: „Da! Ich schenke sie dir."
„Wirklich?" fragt Thomas. Aber Martin ist schon weggerannt. Er sieht sich nicht mehr um. Er läuft nach Hause und setzt sich an den Küchentisch, legt den Kopf auf die Arme und weint.
„Martin, Junge!" sagt die Mutter. „Was ist?"
Der Vater und Anton kommen auch dazu, und alle fragen, aber es dauert lange, bis Martin erzählen kann, was geschehen ist.
„Und jetzt tut es dir leid, daß du die schöne Laterne verschenkt hast?" fragt die Mutter. Martin nickt.
„Dem heiligen Martin hat sein schöner Mantel bestimmt auch leid getan", sagt Anton. Und Martin nickt wieder.
„Darum solltest du nicht weinen", sagt der Vater.

Ursula Wölfel

Aus:
Wunder Welt,
2. Schuljahr,
© 1968,
Cornelsen Verlag,
Berlin.

Anmerkungen
Eigene Ideen
Notizen

Lieder

Das Lied vom Puste-Sause-Wirbelwind

Text und Melodie: Anneliese Gaß-Tutt

Aus: „Tanzkarussell", Band 1, © Fidula Verlag, Boppard/Rhein und Salzburg.

2. Wind, Wind, Sausewind!
   Sause in die Blätter, hei was ist das ein Wetter!
   Wind, Wind, Sausewind!
   Und mein Rädchen läuft geschwind.

3. Wind, Wind, Wirbelwind!
   Wirble in die Blätter, hei was ist das ein Wetter!
   Wind, Wind, Wirbelwind!
   Und mein Rädchen läuft geschwind.

Der Sommer muß gehen

Text und Melodie: Volker Rosin

Aus: Volker Rosin, „Itzibitz, die Liedermaus", Don Bosco Verlag, München 1991[2].

2. Der Sommer muß gehen.
   Und Winde, die wehen.
   Die Drachen, sie steigen am Himmel empor.
   Der Sommer muß gehen.
   Das kann ich verstehen.
   Der Herbst ist gekommen. Er steht vor dem Tor.

3. Der Sommer muß gehen.
   Das Jahr bleibt nicht stehen.
   Es geht immer weiter, das ist doch wohl klar.
   Der Sommer muß gehen.
   Auf ein Wiedersehen,
   da müssen wir warten, bis zum nächsten Jahr.

Anmerkungen
Eigene Ideen
Notizen

Tänze

Wir tanzen einen Reigen

Volksgut

Wir singen vor Freude

Text: Eckhart Bücken / Melodie: Peter Janssens

2. Wir springen vor Freude … Hier springt einer …
3. Wir klatschen vor Freude … Hier klatscht einer …
4. usw.

Weitere Lieder
siehe Heft 1,
Seit 39–42,
Heft 6,
Seite 39–41.

Anmerkungen
Eigene Ideen
Notizen

Kreisspiel

Ich hol mir eine Leiter

Volksgut

2. Dann steig' ich immer weiter
und halt' mich an den Zweigen fest.
Dann setz' ich mich gemütlich
auf einen dicken Ast.
Ich wippe, ich wippe,
di wipp di wapp, di wipp di wapp.
Ich wippe, ich wippe
und falle nicht herab.

(gesprochen:)
Auf einmal knickt's,
auf einmal knackt's,
und plumps, da lieg ich unten.

Weiteres Singspiel siehe Heft 7, Seite 44.

Manuelles Gestalten

Malen

Wir malen je nach Fest, das wir feiern möchten, einen
- Weinstock
- Apfelbaum
- Nußbaum
- eine Kartoffelstaude (über und unter der Erde).

Drucken

Der Herbst ist bunt. Wir drucken bunte Bilder.

Modellieren

Trauben
Wir modellieren Trauben aus Knetmasse.

Basteln

Nußkastagnette
Material: Karton, Walnußhälften.

1.

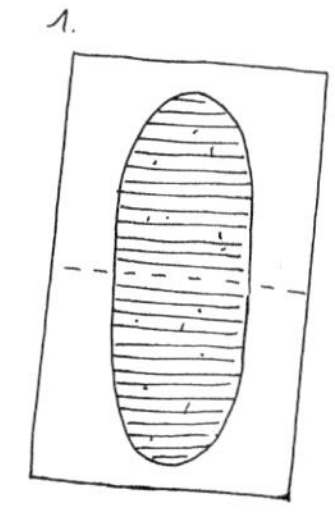

2.

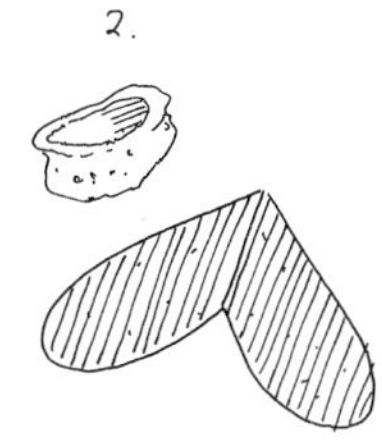

3.

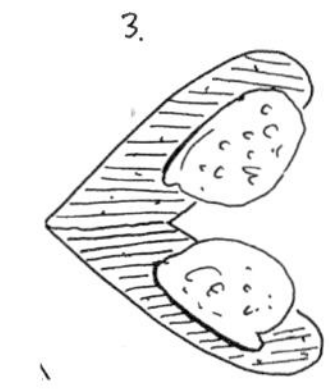

Trauben
Wir knüllen kleine Papierbällchen aus Krepp- und Seidenpapier und kleben sie zu einer Traube zusammen. Das dazugehörende Rebblatt schneiden wir aus Buntpapier aus.

Äpfel
Wir fertigen Äpfel aus Pappmaché und malen sie gelb und rot an.

Dieses Papierobst eignet sich z. B. für den Kaufladen.

Weiteres siehe Heft 1, Seite 42, 43.

Anmerkungen
Eigene Ideen
Notizen

Religiöse Erziehung

Traube – Anschauung

- Die Kinder versammeln sich im Kreis. Auf ein Tonzeichen auf der Triangel oder auf Fingercimbeln gibt jeweils ein Kind einem anderen die Hand, bis der Kreis geschlossen ist.

- Die Kinder lassen ihre Augen zufallen. In der Mitte des Kreises wird auf einem Tuch oder Teller eine Traube abgelegt. Beim Erklingen eines Tonzeichens öffnen die Kinder Augen und Hände.

- Wir schauen auf die Traube. Sie schaut uns an. Sie weckt viele Erinnerungen. Woran denken wir? Saft – Wein, Weinberg, Urlaub, Fest u. a.

Über eine behutsame Berührung entsteht Sammlung. Es werden Verbundensein – Verknüpfung erfahrbar und eine Beziehung zum Anschauungsgegenstand, zur Traube, geschaffen. Das Verbundensein der Kinder entspricht der Verknüpfung der einzelnen Beeren in der Traube. Das Aussprechen von Erinnerungen, Assoziationen schafft ein Beziehungsfeld zum Gegenstand.

Franz Kett u. a., aus: Religionspädagogische Arbeitshilfen 1983/3, RPA Verlag Landshut.

- Ein Kind wird aufgefordert, die Traube vorsichtig am Stiel zu ergreifen, hochzuhalten und sie so im Kreis weiterzugeben.

- Die volle Traube wird einem Kind in die Hände gelegt. Dieses trägt sie zu einem anderen Kind im Kreis und legt sie in dessen Hände. Das Spiel wird fortgesetzt, bis jedes Kind im Kreis die Trauben empfangen und weitergegeben hat.

- Jedes Kind pflückt eine Beere von der Traube ab, so daß ein kleines Geäst übrigbleibt. Die Kinder lassen ihre Beeren sprechen:
  Ich bin rund.
  Ich bin saftig.
  Ich bin süß; usw.

Die Kinder verkosten ihre Beere.

Durch das Halten am Stiel wird die Fülle der Frucht, durch das Tragen auf den Händen ihre Schwere erfahren. Achtung, Ehrfurcht werden geweckt und etwas von der Kostbarkeit – Fülle der Frucht erspürt. Die Beziehung zum anderen wird gepflegt. Verbundenheit, Einheit werden erfahren.

● Das leere Geäst wird nach oben gehalten.
Assoziationen werden wach und ausgesprochen,
wie ein Baum, wie ein Ast, wie ein Gerippe etc.
Das leere Geäst wird nach unten gehalten.
Neue Bilder steigen auf, z. B. wie eine Wurzel u. a.

● Die Kinder werden angeregt, eine Traube zu spielen:
Ein Kind tritt in die Kreismitte.
Nach einem Ton auf dem Glockenspiel stellt sich immer wieder
ein Kind dazu und berührt das
erste oder, wenn dies nicht mehr
möglich ist, das ihm vorausgegangene Kind an einer Stelle eines
Körpers, am Arm, an der Schulter,
an der Hüfte etc.,
bis die ganze Gruppe verbunden ist.

● Die Kinder spielen gemeinsam, wie ein Weinstock wächst.
Ein Kind kauert in der Kreismitte am Boden.
Es wächst langsam –
steht auf –
streckt seine Arme aus.
Der Weinstock wächst.
An ihm wachsen Trauben.
Jeweils zwei oder drei Kinder verbinden sich, treten hinzu und berühren das Kind in der Mitte.
Das Spiel findet ein Ende, wenn alle Kinder, so verknüpft mit der Mitte, ihren Platz gefunden und Verbindung aufgenommen haben.

Es können mit den Kindern noch weitere Möglichkeiten, eine Traube zu spielen und darzustellen, erfunden werden.

Reife Trauben, frohe Tage

Text und Melodie: Neubauer

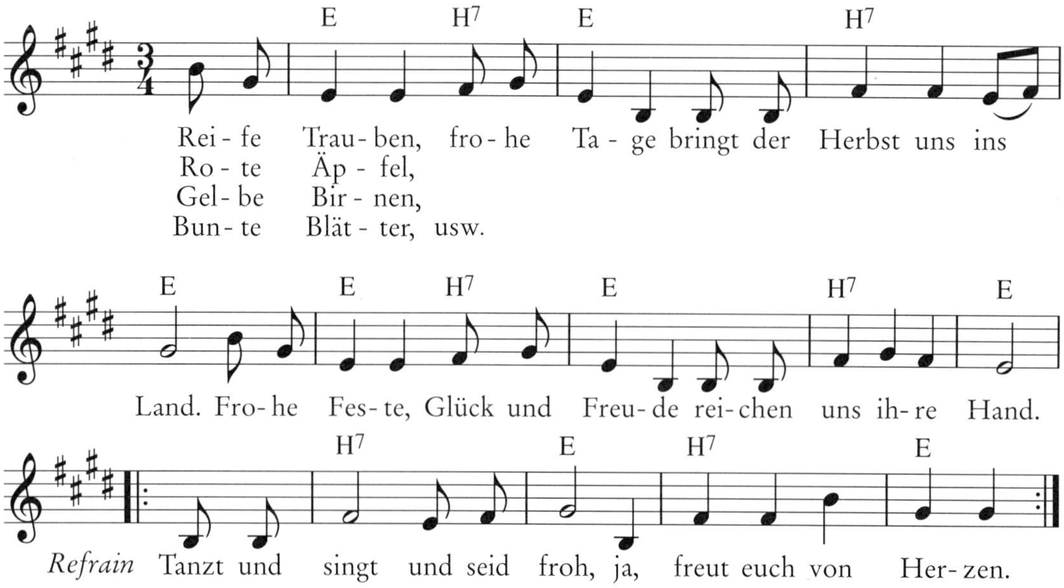

Weiteres siehe Heft 1, Seite 44, 45.

Anmerkungen
Eigene Ideen
Notizen

Franz Kett u. a., aus: Religionspädagogische Arbeitshilfen 1983/3, RPA Verlag Landshut.

Anmerkung der Redaktion:

Leider konnten wir nicht alle Rechteinhaber erreichen. Berechtigte Ansprüche werden selbstverständlich abgegolten.